禅 ZEN スタイルでいこう！

監修　石井清純
編著　水口真紀子

始めに

こんにちは、僕は天童良寛《てんどうよしひろ》といいます。

まずは、この本を手にとってくれたみなさんに、心から感謝します。

僕はこの物語の登場人物の一人で、先祖代々お寺の住職をやっている家に生まれました。まぁ、脇役ですけどね……。


いまこれを読んでくれているのは、きっと仏の教えでいうところの、「ご縁《えん》」であるということでしょう。

ご縁とは「めぐり逢《あ》い」のことです。

別に興味はないけど手にとってみた、程度でもかまいません。

それも「ご縁」ですから。


みなさんはこれまで、いくつもの悩みや壁に向きあってきたことでしょう。

そしてこれからも、それがなくなることはないでしょう。

試練というものは、それを乗り越えて強く、優しく、逞《たくま》しくなるために、与えられるべくして与えられたものだと、僕のおじいちゃんが言ってました。

悩みや試練も「ご縁」なのかもしれません。

でも、その悩みを抱えながら、日々の学生生活を送るのは大変なことです。ただでさえ、勉強や遊びや部活、バイト、習い事、恋愛、ゲーム、SNS……などなど、やりたいことばかりの毎日ですから、思い悩んで足踏《あしぶ》みしているうちに、青春時代はあっという間に過ぎてしまいそうです（僕もそうなのかな……）。

また、人生を左右するような重大な事件、事故というものにも遭遇《そうぐう》することだってあるでしょう。

そんなときは、生きることにすら、疑問を持ってしまうことがあるかもしれません。

そんな辛いときにこそ、僕が小さいときから教わってきた「禅《ぜん》」の思想を役立ててもらいたいのです。

「禅」とは仏の教えの一つです。

禅はその教えを固定的な言葉や文字で表現しない「不立文字《ふりゅうもんじ》」という原則があって、マニュアル化して解説することは、本来はルールに反しているのです。

他人から教わるのではなく、自分自身で実践《じっせん》して体得《たいとく》しなければならない、というのが「禅《ぜん》」なのです。

ですから、みなさん自身が悩んで、一つ一つ乗り越えていかなければ、本当の解決にはなりません。

でも、「禅」の世界には遠い昔の僧《そう》たちの智慧《ちえ》がいっぱい詰《つ》まっています。

それは、「禅語《ぜんご》」や「禅問答《ぜんもんどう》」という形で継承《けいしょう》されていて、現代の僕たちにとっても、柔軟《じゅうなん》な考え方や斬新《ざんしん》な発想のヒントになります。

人々の心の役に立っているから、何百年もの長い年月を経ても、色褪《いろあ》せることなく受け継《つ》がれているんですね。

「禅」はお坊さんやお年寄りのためだけにあるのではありません。

僕たちのような学生はもちろん、かつて学生だった大人のみなさんにも学んでもらいたいものです。

この本では毎日を心健《こころすこ》やかに生きていくための「禅語」を、学生生活の一年の流れとともに解説してみました。

登場人物たちはみんな僕の大切な友達で、少々極端《きょくたん》なキャラクターばかりですが、一つや二つ、みなさんと似たところがあるはずです。

自分と重ねあわせて考えてみると、何か得られるものがあるかもしれません。

漢字ばかりで読みにくいかもしれませんが、ぜひ、気に入った禅語を見つけて、一つでもいいので覚えてみてください。

それが、少しでもみなさんの人生の役に立つ日が来るなら、そんなにうれしいことはありません。


この出会いに感謝いたします。

目次

Index

7月

8月

9月

このお話の登場人物

承子 -ショウコ-

女子ヒエラルキーNo.1の美女（しかも自覚アリ)。最初はイジワルだったが、親との衝突《しょうとつ》などを経験し、人との和の大切さに気づいていく。

陽向 -ヒナタ-

自分に自信がなく、友達づきあいが苦手。緊張するとうまくしゃべれなくなってしまうことが、いじめられる原因に。

道人 -ミチト-

バスケ部のキャプテン。イケメンで人に媚《こ》びない主義が女子にモテる一方で、独りよがりな言動により､チームを振り回してしまうこともある。

元輝 -モトキ-

自己主張は少ないが､成績優秀で真面目な性格。初めて恋を知り、勉強が手につかなくなるが、自分の気持ちを伝えるよろこびを学んでいく。

良寛 -ヨシヒロ-

心優しく、いつもニコニコしていて人を和《なご》ませる雰《ふん》囲《い》気《き》がある。実家のお寺は幼稚園を経営しており、園児たちと本気で遊ぶのが日課。

春

仏道をならふといふは、自己をならふなり。
自己をならふというは、自己を忘るるなり。

道元

4月

新学期開始！ 自信が持てず、友達ができるか不安な陽向《ヒナタ》の場合

陽向 -ヒナタ-

暖かくなってきて、桜《さくら》が咲いて、キレイで気持ちいい季節がきたけど、どーんと憂鬱《ゆううつ》になる時期でもあるんだよね。

クラス替え後の恒例《こうれい》、みんなの前で自己紹介……。誰も私になんか注目してない、っていうのはわかってる。

それでも、どうしても自分の番が近づくにつれて手が震《ふる》えてくる。顔が赤くなって、頭は真っ白で、目の前は真っ暗になる。毎年毎年、オドオドしてるうちに名前だけを言うのが精いっぱいで、何を話してもシドロモドロ。

はい、この点においては三年生になっても、まったく成長できておりません、申し訳ない。

毎年、四月の始業式は、同じ気持ちで門をくぐるんだよなぁ……。

「それでは、新しいクラスになったことだし、この辺でみんなに自己紹介をしてもらおうかな。自分の名前と、趣味《しゅみ》、そして三年生の目標かな！」

なんで先生は笑ってるの⁉　これが私にとってどれだけ苦痛なことか！

趣味らしい趣味なんてないし、後ろ向きな目標なら挙げればきりがない。そもそも誰も私みたいな暗いオタク腐女子《ふじょし》に興味なんてないよ……。

死刑執行《しっこう》までの時間は刻々と近づいてくる。緊張で吐きそう。どうしてみんな自信たっぷりにウケを狙ったり、カワイイ顔とかできるの？　消えたい……。

ついにあと一人。私の前は皮肉にも、学校で一番モテると評判の「ミチト様」ではないか！

「ミチト様って呼ぶのとか、すれちがいざまに勝手に写真とか撮《と》るの、迷惑《めいわく》なんでやめてください。趣味はバスケです。最近、どいつもこいつもサッカーサッカーって言ってるけど、俺はあくまでバスケなんで。目標も、バスケ部のキャプテンとして、チームのみんなを全国に連れていくことです。よろしく」

さ、さすが俺様ミチト様……！　後光《ごこう》が射《さ》しているようだわ。女子のみなさん目が♡。

「では、次の人！」

きた。私の番だ。ええい、まな板の上に乗ってしまえば、あとはトドメを刺《さ》されるまでよ。

「藤原陽向《ふじわらひなた》です……。しゅ、趣味《しゅみ》は……、アニメです。目標は……友達を作ることです……。よろしくおねがいスます……」

マズイ。また噛《か》んでしまった、緊張すると出ちゃう悪い癖《くせ》。死刑執行《しっこう》。漏《も》れる失笑《しっしょう》。しかも自分で執行した気がする。女子ヒエラルキー一位の承子《ショウコ》ちゃんが鼻でフンッって笑ったのが聞こえた。

どうして私はいつもこうなんだろう。テキトーな嘘《うそ》でも見栄《みえ》でも張ればいいのに、つい本当のことを言ってしまう。そして、失笑されて、後悔する……。

毎年、始まりは、いつもこう。だから四月は憂鬱《ゆううつ》。ハイハイ！　次の人、次の人。私の挨《あい》拶《さつ》を早く過去のことにして……。

「天童良寛《てんどうよしひろ》です。実家はお寺で、幼稚園もやってます。園児たちと遊ぶのが趣味です。目標は、今年こそ、般若心経《はんにゃしんぎょう》を噛まずに唱《とな》えられるようになることです」

出たよ、お花畑、良寛《ヨシヒロ》くん。私が彼の実家の幼稚園に通ってたときから、まったく変わってない。ニコニコと仏のようにずっと笑ってる変なヤツ。

「いや〜、緊張したね〜。僕はいつまでたっても人前に立つのは苦手だよ〜。陽向ちゃんと隣《となり》の席になるのは久しぶりだね。またよろしくね〜」

ほんと平和な人。私は今日からすでに茨《いばら》の道が始まってるというのに。こうなったら、毎日手を合わせて拝《おが》んでやる……！

禅語

心とは、実体のない自由なものである

「安心問答《あんじんもんどう》」

二祖云、
某甲心未安。乞師安心。
磨云、将心来。与汝安。
祖云、覓心了不可得。
磨云、為汝安心竟。

圜悟克勤《えんごこくごん》『碧巌録《へきがんろく》』

書き下し文

二祖《にそ》云《いわ》く、

「某甲《それがし》、心、未《いま》だ安《やす》からず。乞《こ》う、師、心を安《やす》んぜんことを」

磨云く、「心を将《も》ち来《きた》れ。汝《なんじ》が与《ため》に安んぜん」

祖云く、「心を覓《もと》むるも了《つい》に得《う》べからず」

磨云く、「汝が為に心を安んじ竟《おわ》んぬ」

現代語訳

達磨《だるま》に向かって弟子の慧可《えか》が言った。

「私は心が不安でなりません。師匠《ししょう》、どうか私の心を落ち着かせてください」

達磨が言う、

「その不安な心を取り出してみよ。そうしたらお前のために落ち着かせてあげよう」

慧可が言う、

「心を探し求めましたが、結局取り出せません」

達磨が言う、

「これでもう、私はお前の心を落ち着かせたよ」

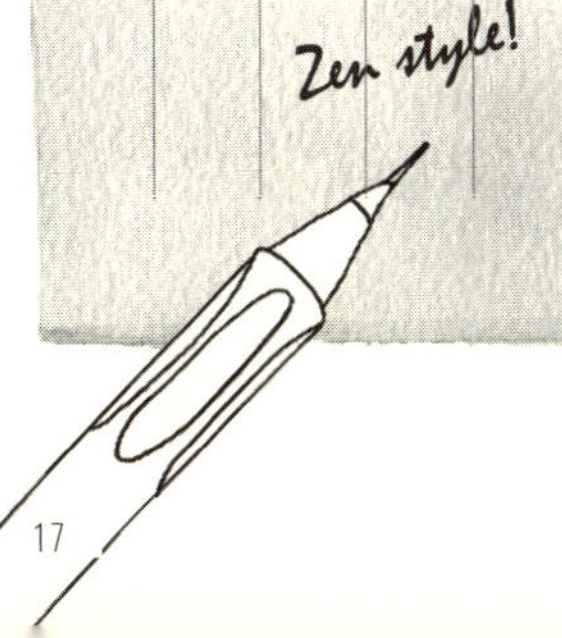

解説

入学したばかりの一年生はもちろん、新学期でクラス替えがあると、最初のホームルームで自己紹介をすることがありますね。どんな子がいるのかなぁと、みんな興味津々《きょうみしんしん》です。

人前でしゃべるのが得意な子は上手にウケを狙《ねら》ったり、理路整然《りろせいぜん》と話したりもできるようですが、苦手な子は、こちらが気の毒《どく》に思ってしまうくらい緊張しています。

うまく話せなかったらどうしよう、変なヤツだと思われたらどうしよう、友達ができなかったらどうしよう……。その新学期特有の緊張と不安、よくわかります。

そこで紹介したいのが、かの有名な「だるまさん」こと達磨大師《だるまたいし》とその弟子・慧可《えか》とのやりとり「安心問答」です。「あんじんもんどう」と読みます。

これは禅《ぜん》における「安らかな心」という意味で、一般的に使われている「安心した」の「あんしん」と同じ感覚ですが、そのときその場だけの「安心」ではないところが少しちがいます。

弟子の慧可は師匠の達磨に「私の不安な心を解消してください」とお願いしました。

心の不安の解消を他人に依存《いぞん》するなんて、修行僧の身としてはおかしな話なのです。本来それは、自分で解決しなければならない大きなテーマです。

ですから達磨はこのお願いをその場で叱《しか》りつけることもできたはずですが、あえてそれを受け容《い》れました。

「**その不安な心を自分で取り出してみせたなら**」という条件つきで。

確かに不安に感じるのは心の問題です。しかしそのもととなるものを取り出して見せろと言われても、無理な話です。心は目に見えないものであり、そもそも形などないのですから。むろん慧可も、「できません」と答えるしかありませんでした。

もとから不安な心など、実体のないものだということを理解させようというのが、達磨の意図《いと》でした。ですから、慧可の答えを聞いた達磨は、「これでもう、あなたの心を落ち着かせた」と言い切ります。

これは、ちょっと強引な論法《ろんぽう》に思えます。だからこそ、単純なうわべだけの言葉のやりとりではないことがわかりますね。

達磨《だるま》は慧可《えか》に、**「心の不安」がじつは確固《かっこ》たる実体のないものであり、それに対する恐れやこだわりさえ捨て去れば、自然に解消されるものである**ことを示したのです。

風船のように膨《ふく》らんだ不安を心から掴《つか》み出して、パーン！と割ってしまうことなどできません。だから、最初から「ない」と考えるのです。

これがこの禅問答《ぜんもんどう》の主題なのです。

「取り出すことができない＝捕《とら》えられない」ということは、自分の考えが未熟だったり、能力がないということではありません。

むしろ**自分の存在や能力を絶対に否定的に見ない**、そんな積極的な発想の転換《てんかん》があります。「不安など捨て去って、絶対的な自信を持て」とか、「どうせ目に見えないんだから、自暴《じぼう》自棄《じき》になってOK」というのではありません。**実体のないものに囚《とら》われて緊張するなんてバカバカしいじゃない。だったら心を開放してあげようよ**、ということです。

そんな実体のないものにがんじがらめになって、自分を取り繕《つくろ》おうとしてないで、自分の本当の姿を伝えましょうよ。ないものについて考えるのはやめにして、少しでも自分の新しい学校生活を、より自分らしく過ごそうとすることにエネルギーを使いませんか。

ヴィジュアル的には、自分の心を、不安や焦《あせ》り、恐れや怒りなどの「縄《なわ》」で縛《しば》りつけようとしている感じ。でも、いろいろな「縄」で縛りつけようとしても、縛ろうとする「心」は、形がないのです。だから、結びようがない。それに、不安や怒りの「縄」も、そのときその場の感情ですから、いつの間にかなくなっていくものです。

すぐに消えてしまう縄で、形のない心を捕まえようとする、そんな独《ひと》り相撲《ずもう》のことを、禅《ぜん》語《ご》で、「**無縄自縛《むじょうじばく》（本当は存在していない縄で自分を縛る）**」と表現します。

「そんなこといわれても、自分をコントロールすることができない！」と思ったら、この際、ポジティブに開き直って「私はとっても緊張しています！」とみんなに宣言してしまいましょう。顔が真っ赤でも、頭が真っ白でもいいじゃないですか。

多かれ少なかれ、みんなドキドキ緊張していることでしょう。堂々としている人でも、内心は不安が見え隠れしているのかもしれません。

不安？　大丈夫、**不安だからみんながんばる**。それが「自分を表現する」ことになっていくのです。

5月

女子ヒエラルキー。弱い者いじめがやめられない承子《ショウコ》の場合

まず、このクラスでは、とりあえず私が一番イケてるみたいだから、ピラミッドの頂点はいただきました。私と同率《どうりつ》のカワイイ子はみんな他のクラスに行ったから、とりあえずライバルはナシ、ってことで決定〜。

ついでに、バスケ部キャプテンの道人《ミチト》様と同じクラスだし。私が彼女の座をゲットできれば完璧《かんぺき》なんだけどな〜。そうなれば私の立場も不動だよね。しかし今日もカッコイイ♪

あ、陽向《ヒナタ》が視界《しかい》に入ってしまった。ウザいあいつ、「お願いスます」じゃねーよ、マジキモイんだけど。幼稚園のときからボソボソ何言ってるのかわからないとこは全然変わんない。

毎日、パパの車で送り迎えしてもらってたところがイラつくんだよ。こっちは毎日長靴の

父ちゃんと手をつないで通ってるのが恥ずかしかったっつーの。

「すげえな、あの子のおうちはＢＭＷか。でもうちのトラックのほうがもっとでかいぞ！」って下品なしゃべり方するうちの父ちゃんと大ちがいじゃん。

参観日のたびに素敵なワンピースを着てくるママも腹が立つ。すれちがうときにフワッと高級そうな化粧品《けしょうひん》のいい香りがしてくるママ。

万年トレーナー＆チノパンで、魚市場で働く生臭いうちの母ちゃんと並ばれるとホント困るんですけど、カンベンしてください。

弟も成績優秀だっていうし、うちのうるさい二匹のバカ弟どもと大ちがい。

そんな恵まれた家に生まれてるのに、いっつも自信なさげで暗くて、マンガばっかり描いてる。そんなに日陰《ひかげ》で生きていたいなら、その「陽向」っていう名前を、私の「承子《ショウコ》」っていうダサい名前と交換しろよ。

ムカつくからアイツの数学の教科書、ごみ箱に捨ててやろう。

……あ〜、スッキリした！　マジであいつバカじゃん。超必死になって教科書探してるよ。

……あ、なんなの、あの隣の席の男子。陽向《ヒナタ》なんかと席くっつけて教科書見せてあげるなんて、めずらしいヤツもいるもんだ。いつもテストで学年一位とってるガリ勉だったな。そういえば、同じ幼稚園だったかも。まあ、地味な者同士お似合いじゃん。

それにしても、あの陽向の慌《あわ》てっぷりったら超ウケる！　顔真っ赤にしてオドオドしちゃって、男子となんてしゃべったことないから、意識しまくりで授業どころじゃないだろうね。男子に免疫《めんえき》がないって、超イタいわ。


あ、ミチト様到来《とうらい》！　キャー、話かけてくる〜。

「俺は見たぞ。〝ターゲット決定〟、ってことか？」

やったー、向こうから声かけてくれるなんて、やっぱ私たちも運命じゃん？

……って、ターゲット決定ってどういうこと？

「いま、良寛《ヨシヒロ》がごみ箱に手突っ込んで、お前が捨てた陽向の教科書を拾ってたぞ。〝かわいそうに〝ってて、キレイに拭《ふ》いてたぞ。お前サイテーの陰湿《いんしつ》オンナだな」

ミチト様の目は、完全に私を軽蔑《けいべつ》してる。
血の気が引くのを感じた。私がやったのがバレた。
正式には、他の女子に盗ませた陽向の教科書を、私が捨てたんだけど……。

みんなにバラされたら私の立場がマズくなる。ミチト様には完全に嫌われちゃった。
どうしよう、明日からターゲットが私になっちゃうかもしれない。そうなったらもう学校に来れない！　どうしてあんなことしちゃったんだろう？　バレないように、もっとうまくやればよかった……。

禅語 まずは自分が仏であることに気づこう

「趙州狗子《じょうしゅうくし》」

僧問趙州、狗子還有仏性也無。
州云、有。
僧云、既有、為甚麼却撞入這箇皮袋。
州云、為他知而故犯。
又有僧問、狗子還有仏性也無。
州曰、無。
僧云、一切衆生皆有仏性、狗子為
什麼却無。
州云、為伊有業識在。

万松行秀《ばんしょうぎょうしゅう》『従容録《しょうようろく》』

書き下し文

僧、趙州《じょうしゅう》に問う、「狗子《くし》に還《は》た仏性《ぶっしょう》有りや無しや」
州云《いわ》く、「有り」
僧云く、「既《すで》に有るに、甚麼《なん》としてか却《かえ》って這箇《しゃこ》の皮袋《ひたい》に撞入《どうにゅう》せる」
州云く、「他《かれ》の、知って故《ことさら》に犯《おか》すが為《ため》なり」
又《ま》たある僧問う、「狗子に還た仏性有りや無しや」
州曰く、「無し」
僧云く、「一切衆生《いっさいしゅじょう》は皆《み》な仏性有りと。狗子、什麼《なん》としてか却って無し」
州云く、「伊《かれ》に業識《ごっしき》の有るが為なり」

現代語訳

ある僧が趙州《じょうしゅう》和尚《おしょう》に質問した。「犬には仏性《ぶっしょう》（仏としての本質）が有りますか？」

趙州が答えた、「有る」

僧がさらに問う、「ではいったいどうしてあんな犬の形をしているのですか」

趙州が答える、

「犬は自分に仏性が有るとわかっていて、あえて犬の姿をしているのだ」

また、別の僧が同じように、「犬には仏性が有りますか？」と質問をした。

趙州は、「無い」と答えた。

僧がさらに問う、

「一切衆生《いっさいしゅじょう》（すべての生き物）にはみな仏性が有ると『涅槃経《ねはんぎょう》』に書いてあります。

どうして犬だけは無いとおっしゃるのですか」

趙州が答えた、「犬には積み上げられてきた迷いの心があるからに他ならない」

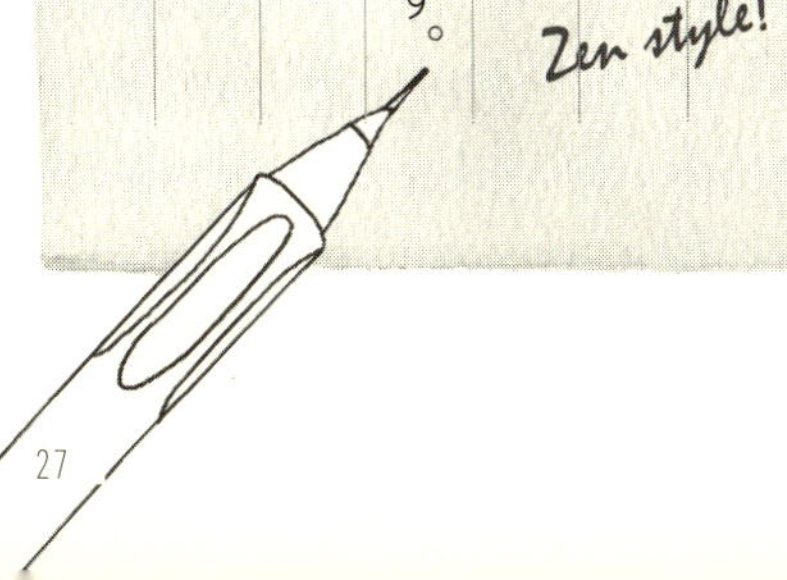

解説

これは禅問答《ぜんもんどう》としてとても有名なものです。「犬には仏性《ぶっしょう》（仏としての本質）が有りますか？」という弟子からの質問に、趙州和尚《じょうしゅうおしょう》は一人の僧には「有る」、他の僧には「無い」と、相手によって回答を変えています。

どっちやねん！　と突っ込みたくなりますが、禅問答とはそういうものです。質問した本人が「そうなんだ！」と納得できる答えが正解となるため、「これなら〇《マル》！」という答えが、その都度《つど》変わるのです。難しい問答なので、ここからの解説も少々難しくなりますよ……。

『涅槃経《ねはんぎょう》』という仏教経典《ぶっきょうきょうてん》（お経《きょう》）があります。禅の修行僧にとっては教科書や辞書のようなものでしょう。

それには「**一切衆生《いっさいしゅじょう》には悉く《ことごと》仏性有り（すべての生きものは、すべて仏性を持っている）**」と明確に書いてあります。なので、最初の僧の質問に「有る」と答えるのは、趙州和尚がまさに教科書通りの回答をした、ということになります。

さらにその僧が質問を続けます。「犬には仏性が有るというのに、なぜあんな毛むくじゃらな獣《けもの》の姿形をしているのですか」と。

「なぜあんな姿なのか＝なぜ人間の形をしていないのか」というのは、人間から獣を見下した意見ですね。この修行僧は、犬よりも人間のほうが立場は上だという優越感《ゆうえつかん》にもとづいて質問しています。

「すべての生き物には仏性が有る」という教えをまったくわかっていない勘違《かんちが》いの質問です。それを遠回《とおまわ》しに戒《いまし》めるように、趙州和尚は「犬はわかっていてわざとあの姿をしているのさ」と答えます。つまり「お前より上だ」と。

続いて別の修行僧が同じ質問をしたときには、「無い」と答えています。この修行僧からは「だって教科書に書いてあるのに、どうして師匠は無いと言うんですか！」と突っ込まれます。

それには「犬には迷いの心があるからだ」と答えて導《みちび》きます。犬には代々積み上げられた迷いの心があるから、仏になることを遠慮《えんりょ》しているのだ、と。

この対話の内容だけを捉《とら》えると、わかったようなわからないような、中途半端《はんぱ》で腑《ふ》に落ちない感じがしますね。これで「フ〜ン、そういうことなんだぁ」で終わってしまうと、この禅問答《ぜんもんどう》から導《みちび》き出される教えの本質を見失うことになります。

この二つの問答からわかることは、この僧たちがそもそも獣《けもの》など、「自分以外のもの」の仏性《ぶっしょう》の有無《うむ》を、分析《ぶんせき》の対象にしてしまったことに誤りがあります。

禅には「**自分自身の仏としての本質に気づく**」という大命題があります。本来、この修行僧たちは自分の仏性と向きあわなければならない立場なのに、そもそもこんな質問をすること自体が、理解しなければならない道理に対して逆を向いてしまっています。

なので趙州和尚《じょうしゅうおしょう》は、この二人の僧の質問に、ハナッから真面目に答えるつもりはありません。自分の質問の愚《おろ》かさに気づかせようとしているのです。

「自分の仏性すら掴《つか》んでもいないのに、それを棚《たな》に上げて犬の仏性を問題にしてどうするバカタレが」と。

たくさんの人間が集まる学校という場所には、どうしても好きになれない人や、腹が立つ相手の一人や二人いることでしょう。それは社会に出ても一緒です。どんな集団に所属《しょぞく》しても、ソリが合わない人というのは一定数現れてきます。

ただ、そういう相手を排除《はいじょ》しようと攻撃に出てもよいのでしょうか。そんなこと、誰にも許されてはいません。相手を傷つけてはいけないのは、「相手が仏様だから」というのはもちろんのこと、**「自分も仏様だから」**です。

どうしても腹立たしい相手がいて、攻撃したいという感情が現れてしまったら、まずは**自分の存在のすばらしさに目を向けましょう。**自分は他の誰ともちがう、すばらしい個性を持っており、**この命は大昔からの「ご縁《えん》」によってもたらされたかけがえのない存在なのだ、**と。この地球上において、**自分の存在は絶対的に肯定《こうてい》されている、**と信じましょう。

自分よりかわいい、勉強ができる、いいものを持っている、自分の美学や衛生観《えいせいかん》に反している。そんなくだらない理由で、相手だけではなく、自分の存在すらも卑下《ひげ》してしまってはもったいない。

そんな弱点すらも含《ふく》めて、自分は仏であるという立場に立ってみましょう。**自分の存在のすばらしさに気づけば、相手を排除する必要がなくなります。**自分を含めてクラス全員がそれぞれに別の仏様だと思ったら、ちょっと学校生活が面白くなりそうじゃありませんか？

6月 恋の始まり。妄想《もうそう》が止まらない！ 元輝《モトキ》の場合

梅雨《つゆ》の時期はジメジメして嫌だなぁ。湿気《しっけ》と汗《あせ》で、プリントやら答案用紙が腕にペタってくっついちゃうし、気持ち悪いなぁ……。

そして、隣の席の藤原さんも、この頃ずっとジメジメしてるんだよね。しょっちゅう彼女の教科書やペンケースがなくなるんだからしかたないか。きっと女子グループがケラケラ笑ってるから、いじめのターゲットにされちゃってるんだろう。

別に、教科書を見せたり、シャーペンを貸したりするのは嫌《いや》ではないんだけど、そのたびに申し訳なさそうに、泣きそうな顔をされるとこっちも困っちゃうんだよね。

「……す、すみません……、今日も教科書、忘れちゃったみたいで……」

「そういうことがあるかもと思って、今日は家で自習用に買った教科書を持ってきたよ。

一冊貸してあげる。藤原さんが、家に忘れてきてるわけじゃないのは知ってるからさ」
「ススス、すみません！　いつもいつも迷惑かけて。ちゃんとカバンに入れてるはずなんですけど、学校に来たらいつの間にかなくネっちゃってて……」

これだ、コレコレ。この慌《あわ》てっぷり。女子の連中《れんちゅう》はこれを面白がってやってるんだろうな。こんなにいじめにあって物を隠されちゃうんじゃ、勉強どころじゃないだろうな。中間テストで、おっ、いいライバルだな、とは思ってたけど、まだ一学期なのに、これじゃあ期末テストの結果が思いやられるよ。

いつも良寛《ヨシヒロ》くんが「これ落ちてたよ」って、藤原さんの持ち物をどこからか持ってくるけど、彼はきっと誰がやってるか知ってるんだろうな。それでも彼女が傷つかないようにニコニコしてる。僕は傍観者《ぼうかんしゃ》として、加害者たちと同じ罪《つみ》を背負ってるんじゃなかろうか……？　でもチクってモメて、内申《ないしん》に響《ひび》くことになったら嫌だし……。

……そんなこと考えてたらまったく授業に集中できなかったよ。まあいいか、学校の授業はあくまで僕にとっては復習だし。

「あ、あの……、今日はわざわざ二冊も持ってきてくれてありがとうございました。教科書は重いから大変だったでしょう。すみません、ありがとうございます」

「いいえ、どういたしまして」

おお、笑った笑った。藤原さんが笑ったぞ。これからもっと、笑った顔が見たいな。こんな地味な僕が、落ち込んでる藤原さんを笑わせることができるんだな、よかった。

ん？　なんだ教科書に付箋《ふせん》がついてる。藤原さんが取り忘れたのかな。こういうところがボケっとしてるんだよな。

なんだ？　絵が描いてある。しかも超上手い！　さすがアニメオタクだけあるな。メッセージが添《そ》えてあるぞ……。

『いつもありがとうございます。おかげで、めげずにがんばれます』

ナニコレ、僕の顔⁉　お礼代わりに僕の顔描《か》いてくれたの？　僕がこんなイイ男なわけないじゃん。ヤバい！　かっ、かわいい……。どど、どうしよう……。お礼言いたいけど、藤原さんの顔が見れない（しかも「見れない」は「ら抜き言葉」だ）。

マズいな、完全に勉強が手につかなくなってしまった。弁当食べてるときも、帰り道も、家に帰ってからも、朝起きてからもずっと……藤原さんのことが頭から離れない。少し話すだけでドキドキが止まらない。また教科書を貸してあげたいな……、と思ったらあれから女子たちの嫌がらせは激減するし……。まあ、それはいいことなんだけど。

このままじゃ、僕のほうが期末テストが危機的状況。誰か止めてくれ～、俺の妄想《もうそう》！

禅語

ありのままの喜怒哀楽《きどあいらく》の心が そのまま仏である

「即心是仏《そくしんぜぶつ》」

あきらかにしりぬ、心とは山河大地《せんがだいち》なり、日月星辰《じつげつせいしん》なり。
しかあれども、この道取《どうしゅ》するところ、すゝめば不足あり、しりぞくればあまれり。
山河大地心は山河大地のみなり。
さらに波浪《なみ》なし、風煙《けむり》なし。
日月星辰心は日月星辰のみなり。
さらにきりなし、かすみなし。

かくのごとくなるがゆゑに、即心是仏、不染汚即心是仏《ふぜんなそくしんぜぶつ》なり。

道元《どうげん》『正法眼蔵《しょうぼうげんぞう》』「即心是仏」巻

現代語訳

明らかにわかっていることは、心とは山や河や大地であり、太陽や月や星である。

とはいっても、これを言葉で表現しようとすれば、

これ以上にもこれ以下にもできない。

山や河や大地の心とは、山河大地そのもののことである。

波も風も煙も立たない。

太陽や月や星の心というのは、太陽や月や星そのもののことである。

霧《きり》や霞《かすみ》で見えなくなることはない。

このようであるから、心の自然な動きがそのまま仏であるということは、

それがそのまま何のけがれもないということなのである。

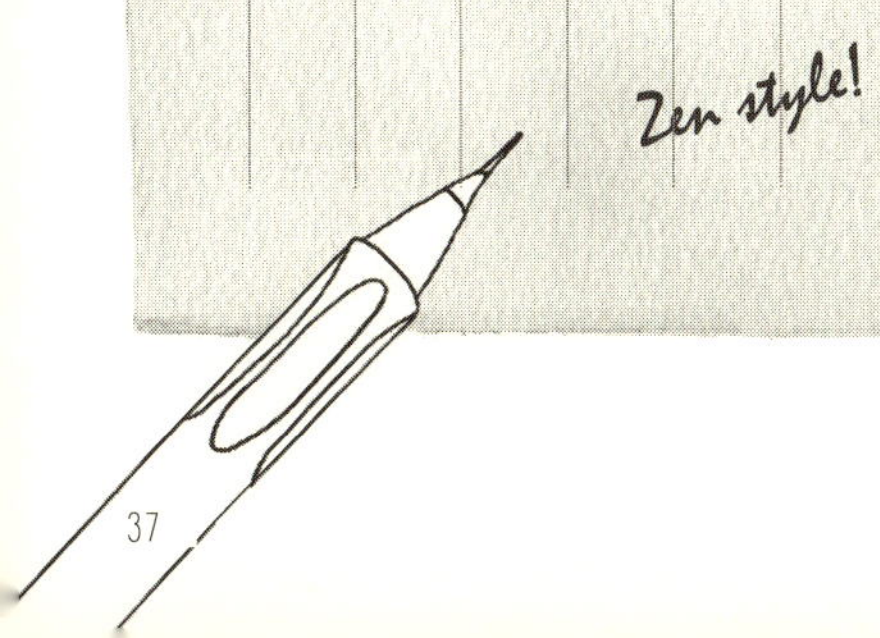

解説

この言葉は、鎌倉《かまくら》時代の禅僧《ぜんそう》で、曹洞宗《そうとうしゅう》の開祖《かいそ》である道元禅師《どうげんぜんじ》の著作《ちょさく》『正法眼蔵《しょうぼうげんぞう》』にも収《おさ》められており、禅の世界ではとても重要なキーワードの一つです。「**どんな心もそれはそのままで仏である**」という意味です。

親心、向上心、好奇心など、温かみを感じるものから、嫉妬《しっと》心、猜疑《さいぎ》心、反抗心、敵対心など、あまりよい意味を持たないものまですべて。

「仏である心」などと表現してしまうと、自分とはかけ離《はな》れた遠い存在をイメージしてしまいますが、そうではありません。「気持ちよい／悪い」「好きだ／嫌いだ」もそうですし「かわいい」「腹が立つ」「すごい！」「よくわかんない」など、数秒おきに次々とやってきては消えていく、些細《ささい》な心の動きまで含めてすべてです。

「日々の喜怒哀楽《きどあいらく》」すべてが「仏」であると断言しており、そこにはよい悪いの判断の余《よ》地《ち》はありません。

それは「恋心」とて同じことです。好きな人のことを考えていると、とっても気分が高揚《こうよう》して、幸せな気持ちになりますね。しかしときには、この気持ち自体が障害になってしまうことがあるかもしれません。

元輝《モトキ》くんの場合は受験生で、勉強に集中しなくちゃいけないのにまったく手がつかなくなってしまいました。ご飯も喉《のど》を通らなかったり、眠れなかったりしているのでしょうね。こうなったら完全に生活に支障《ししょう》をきたしています。恋の病とはよく言ったものですね。他にも、友達の恋人を好きになってしまったとか、道ならぬ恋に目覚めてしまった、とか……。立場や環境はちがえど、恋心自体が悩《なや》みの種になってしまうことが往々《おうおう》にしてあることでしょう。

しかし、**この迷いの心すら、道元禅師は否定していません**。

なぜ元輝くんは恋をして苦しんでいるのでしょうか。「受験生なのに勉強に集中できない」「恋なんかしてる場合じゃない」と、どこかで自分の気持ちを「悪いことだ」と思い込んでしまっているのではないでしょうか。

他にも「友達の恋人を好きになることは悪いことだ」「先生に恋をしてしまうのは悪いことだ」「あの人はモテるから、自分なんかが好きになってしまっては迷惑にちがいない」と、自分でその気持ちを勝手に悪いことと思い込んで、勝手に苦しんでいませんか。

それはもしかすると相手にフラれたときに、傷つかないための防衛《ぼうえい》本能といえるかもしれませんね。その恋を成就《じょうじゅ》しようと思って行動に移せば、辛い思いをするかもしれない。それを避《さ》けるために、無意識に「世間の常識」を盾《たて》に自分を正当化しているのかも。

それが逆に自分を苦しめていると気づいてみませんか？

この変な思い込みで自分を苦しめている状況を、道元禅師《どうげんぜんじ》はこの文で波風《なみかぜ》や煙《けむり》、霧《きり》や霞《かすみ》と表現しているのではないでしょうか。

山河大地《さんがだいち》、日月星辰《じつげつせいしん》の心は、いわゆる「自然のまま」で美しいのです。周囲に波風が立ったり、煙が立ったり、霧《きり》や霞《かすみ》に覆《おお》われて、荒らされたり見えなくなってしまうことはないと言っています。

「あの人が好きだ」という気持ち、それ自体によいも悪いもありません。「恋をした」という美しい心だけが、大自然のようにそこに横たわっています。

それを自ら波風や霞で覆って見失ったりせずに、「ああ、美しい！」としっかり認識してみましょう。何も否定せずに、**恋をしている自分をありのまま認めてしまう**のです。

あとはそのきらきらと輝く心と寄り添《そ》って生活してみましょう。

ここで誤《あやま》ってはいけないのは、「自分の恋心は美しいものだから、人間関係をメチャクチャにしてでも、この気持ちを成就《じょうじゅ》しよう！」とは思ってはいけないということ。

輝いている心をキープするというのは、「自分自身を磨《みが》くこと」と「相手の幸せを望むこと」なのです。**好きな人に注目してもらうためにがんばろうと思う心は、とても美しく、誰もそれを否定することなどできません。**それで恋が成就すればとても幸せなことです。

でも、その逆に**自分の思いをこらえて相手の幸せを祈ることも、同じように美しい**ことなのです。もしかすると、相手の幸せを望むことが、イコール自分の失恋に繋《つな》がることがあるかもしれません。それはとても悲しいことですが、**相手を思っての苦しみや悲しみは美しいもの、**そう思ってみませんか。

苦しいからといって、自分を否定したり、自暴自棄《じぼうじき》にならないでください。自分を逞《たくま》しく、美しくする「修行だ！」と思って乗り越えましょう。その辛ささえ、自分を磨き上げる糧《かて》となるのです。

そうすれば**あなたの仏の心はもっともっと磨《みが》かれて美しくなっていきます。**それは禅の教えが、何百年も廃《すた》れずに受け継《つ》がれているという歴史が証明しています。

そもそも「禅《ぜん》」って何？

「禅」という一文字は、心と体を静める修行方法の「ジャーナ」（サンスクリット語）に由来します。これが中国で「禅那《ぜんな》」と表記され、それが略されて「禅」になりました。

「禅宗」は社会や歴史の教科書にも出てきますね。栄西《えいさい》が開いた臨済宗《りんざいしゅう》や、道元《どうげん》が開いた曹洞宗《そうとうしゅう》が禅宗にあたり、大乗仏教《だいじょうぶっきょう》（主に東アジアや東南アジアで信仰《しんこう》されている）の一派です。

禅の教えとは、経典《きょうてん》（お経《きょう》）などの言葉や文字を用いることを重視せず、坐禅《ざぜん》修行などの「実践《じっせん》あるのみ！」という考え方が基本です。悟《さと》りは、坐禅、禅問答《ぜんもんどう》、日々の生活や労働を通して自分自身で気づき、体得《たいとく》しなければなりません。

禅語や禅問答には明確な解答解説はありません。たとえば、水や火を言葉で説明しようとすれば、できないことはないですが、実際に自分が濡《ぬ》れてみたり、熱い思いをしなければ、その本質は理解できませんね。それと同じで、坐禅などの修行を通して自分と向きあい、己の本質を明らかにしていくことが禅の修行です。

「禅」という言葉は広い意味で、これらの教えをまとめた概念的《がいねんてき》なものとして広まっています。まずは厳しく自分を見つめて、日々の生活の一つ一つを誠実に行うこと。おのずと、不要なこだわりのようなものはそぎ落とされ、行動や思考はシンプルな方向へ導《みちび》かれていくはずです。

悩んだり、行き詰まったら、まずは「禅」を思い浮かべてみませんか？　勉強もそう、身だしなみやオシャレも、人間関係だってそうです。こだわりを捨て、シンプルかつ直観的《ちょっかんてき》に考えることで、本来の目的を再認識《さいにんしき》できるかもしれません。

夏

大いなるかな心や。
天の高きは極むべからず、しかも心は天の上に出づ。

栄西

7月

部活の人間関係。「俺様至上主義」からの転落。道人《ミチト》の場合

道人 -ミチト-

「もう最後の大会になるんだからな！　〝引退〟を意識して気合い入れていけよ！」

キャプテンの俺がこんなにケツ叩《たた》いてんのに、なんでみんなダラダラ練習してんだよ。このまま次の大会で負けたら、俺らは全国大会に行けずに引退が決まるんだぞ。焦《あせ》ってるのは俺だけかよ。本気出してねえヤツには怒鳴《どな》らずにいられない。こんな調子ならコイツらレギュラー外して、二年と交代させるぞ。

「お前ら三年の自覚持ってんのか!?　ダラダラ走って、調子こいてんじゃねえぞコラ！」

背後からボソっとつぶやくような声がした。

「調子こいてんのはテメーだろーが」

……なんだ？　俺に対して言ったのか？　振り向いても、みんなシレっとした顔で目を反らす。わざと聞こえるように言いやがって。

「いま言ったの誰だ。お前かコラ……！」
「俺じゃねえよ」
「お前だろうが、聞こえてんだよ！」
「だから俺じゃねえって言ってんだろ！」
「まあまあ、やめてください、先輩たち、マズいですって、ケンカは……」

乱闘《らんとう》でもなんでもやってやろうじゃねえか。この俺がこんなに本気で部員を引っ張ろうとしてるのに、ついて来ねえほうがおかしいだろ。負けて最悪の夏を過ごして、ハイ卒業！　なんて、コイツらは納得いくのかよ。

「ホラ、先生来ましたよ！　先輩たち落ち着いてください……」

今日は県大会のレギュラー発表の日だ。ボケボケしてるコイツらが選ばれたら、最後に一俺から気合い入れして士気《しき》を高めてやらねえと、マジで全国が遠のいちまう。

「今日はかねてから宣言してあった通り、県大会のレギュラーを発表する。これは私の一《いち》存《ぞん》で決めたメンバーだ。選ばれなかった者は、今後しっかり精進《しょうじん》しろ。県大会で勝てば、また全国大会っていうチャンスが待ってるからな。では……、佐藤！」

名前を呼ばれた選手は返事をして一歩前へ出る。ガッツポーズしたり、信じられない顔したり。自分の名前が呼ばれないんじゃないかって、ビクビクしながら聞いてるヤツもいる。

あれ？　俺の名前は？　いつ呼ばれんの？　やっぱキャプテンは最後？

「最後に補欠、石原！　佐々木！　木下！　以上だ」

……はぁ？　俺が……ベンチ？

「せ、先生、ちょっと待ってください！　俺がなんで補欠なんスか？」

「お前は今回はあくまで補欠だ。次がんばれ。レギュラーのサポートに徹《てっ》しろ」

吐《は》き捨てるような言い方。なんで俺が補欠……？

「先生、俺キャプテンですよ！　キャプテンが補欠なんてありえないんですけど」

「十分あり得る。どうしてこうなったか、自分の胸に手を当てて考えてみるといい……」

先生は振り返って真顔で言った。

目の前が真っ暗だ……。朝も放課後も、夜遅くまで、休みの日もテストも関係なくがんばってきた俺に対してこの仕打ちかよ。クスクス笑い声が聞こえる。みんな俺を笑ってる。さっきまで怒鳴りあってたアイツが俺の背中に向かって吐き捨てた。

「もう誰もお前にはついていかねーよ、ばーか」

禅語

石ころの説法を「眼で聞く」心構えとは

「無情説法《むじょうせっぽう》」

也太奇、也太奇、
無情説法不思議。
若将耳聴終難会、
眼処聞声方得知。

洞山良价《とうざんりょうかい》『洞山録《とうざんろく》』

書き下し文

也太《はなは》だ奇《き》なり、也太だ奇なり、
無情説法《むじょうせっぽう》不思議《ふしぎ》なり。
若《も》し耳を将《も》って聴《き》かば終《つい》に会《え》すること難《かた》し、
眼処《げんしょ》に声を聞いて方《はじ》めて知ることを得《え》ん。

■現代語訳

すばらしいことだ、すばらしいことだ、
無情《むじょう》が説法《せっぽう》するとは不思議《ふしぎ》なものだ。
もし耳で聴《き》こうとしたらけっして聴くことはできないが、
眼《め》で声を聞いて初めて知ることができるのだ。

解説

「無情《むじょう》」という文字を見るとどのようなことを思い浮かべますか？

一般的には情《なさ》け容赦《ようしゃ》がないような、冷酷《れいこく》な様子を意味しますね。

しかし、仏教でいうところの「無情」は、「心を持たぬもの」や「言葉を持たぬもの」を意味します。

つまり、そこら辺に転がっている石ころや瓦礫《がれき》などの、「無機質《むきしつ》で生《せい》命《めい》を持たないもの」という意味です。


出典となっている『洞山録《とうざんろく》』は中国・唐《とう》の時代の曹洞宗《そうとうしゅう》の開祖《かいそ》・洞山良价《とうざんりょうかい》という禅僧《ぜんそう》の語録（説法《せっぽう》の記録）です。

その中で洞山は、「**石ころや瓦礫《がれき》（のような無機物《むきぶつ》）が説法をしてくれる、すばらしいことだ**」と言っています。この部分だけを表面的に捉《とら》えても意味不明ですが、さらに先を読むと、もっと訳がわからなくなります。

「**耳では聴くことができないので、眼で聞こうとする**」というのです。

もちろん、眼で音を聞くことなんてできませんね。ましてや石ころや瓦礫なんて、ものをしゃべりません。その音を眼で聞くのだから、この高僧《こうそう》は神通力《じんつうりき》か何かが使える、浮世離《うきよばな》れした超人《ちょうじん》だったのでしょうか。

いいえ、そういうことではありません。**禅《ぜん》の世界では基本的に、教えの解答解説を言葉や文字で示すことはありません。**これを「不立文字《ふりゅうもんじ》」といいます。

「なんだよ結局、文字で表しているじゃないか」と思うかもしれませんが、これはあくまで「ヒント」や「ルールブック」であって、**本当の仏法は自分で体得《たいとく》するものです。**

この体得が一般的に「悟《さと》り」と呼ばれるものといえます。

禅ではこの不立文字のルールがあるため、「仏法《ぶっぽう》が言葉で語ることができないものならば、言葉を持たないものこそがそれを語ることができる」という考え方があります。

生命を持たない石ころや瓦礫は、自分の意志で動くことはありません。**ああしたいこうしたいという「はからい」の気持ちがないので、真理《しんり》をありのままに示している**というのです。**それが「無情の説法」**。自分の周辺にある無機物たちが自然に移ろい、「はからい」とは無関係にその様子を変えていく姿を見る。

そこから真理とは何かという説法を読みとるのが、まさに「眼で聞こうとして初めて知ることができる」ことを意味しているのではないでしょうか。

つまり、**自分の心掛《こころが》け次第でこの世の森羅万象《しんらばんしょう》、すべてのものから私たちは学ぶことができる**のです。

これを無機物《むきぶつ》ではなく、心がある人間にあてはめて見ましょう。

道人《ミチト》くんはずいぶんと自己中心的な思い込みで、努力が空回りしてしまいましたね。彼のミスはどこにあるでしょう。

人の意見に耳を貸さなかったばかりか、チームメイトの雰囲気《ふんいき》すら読むことができていませんでした。彼は五感をシャットアウトして**独《ひと》りよがりという病にかかり、周囲からの「説法《せっぽう》」を聞く能力を失っていた**のです。

それゆえ自分がもっとも大切にしている目標を、自ら破壊《はかい》していることに気づけなかったのです。口の悪い仲間の声や、気遣《きづか》いのできるかわいい後輩の眼から、学べることはあったはずです。

アメリカNBAのバスケットボール指導者にフィル・ジャクソンという人がいます。彼は禅《ぜん》の教えに傾倒《けいとう》していたそうで「ZENマスター（禅師様《ぜんしさま》）」というあだ名があります。

彼の言葉に「**Wisdom is always an overmuch for strength.**」というものがあります。「**智慧《ちえ》は、つねに強さに勝っている**」という意味です。

「wisdom」は知識ではなく、全体を見る洞察力《どうさつりょく》のこと。**力ずくで進むよりも、周囲を見ることが大切**と言っています。

まさに「無情説法」を聞けということです。彼はシカゴ・ブルズやロサンゼルス・レイカーズの監督として、チームを十一度の優勝に導《みちび》いています。

道人くんの先生が最後に言ったセリフ、「胸に手を当てて考えてみるといい」。

自分とよく向きあって反省しろという意味ですが、この先生も「不立文字」ですね。なかなか厳しい指導ですが、こうしないと道人くんは気づいてくれないと思った結果でしょう。

愛情を感じませんか？　これを「**老婆心切《ろうばしんせつ》**」といいます。一般的に用いられている「老婆《ろうば》心《しん》」とは、意味が少々ちがいますよ。

これについては、後ほど……。

8月
夏休みの恋。気持ちを伝えたい元輝《モトキ》の場合

まさかの文化祭実行委員に立候補してしまった僕……。三年で受験勉強が最後の追い込みに入るっていうのに、秋の文化祭に向けて夏休みまで学校に来ることになっちゃった。藤原さんがクラスの代表として（いじめの一環《いっかん》として強引に）、文化祭実行委員に選ばれたからって、僕までつきあうことないのに……。バカ正直だなぁ……。まあ、いいか、夏休み中も会えるわけだし、僕にはこれくらいのことしかしてあげられないもんな。

しかし、この暑い中、クラスの看板《かんばん》作りは辛い……、でも藤原さんと一緒ならがんばれるんだから、僕って単純な生物だったんだな。

「勉強はどうですか？　夏期講習の予定が文化祭の準備でつぶれたりしてませんか……」

「それは、藤原さんも一緒だからね。いままでこういうイベントは何も積極的にやってこ

なかったから、せっかく最後の文化祭だし、受験勉強の合間に息抜きになるかなと思ってさ」

ハイ。精いっぱいの嘘《うそ》です。

「元輝《モトキ》さんは幼稚園時代は私のこと〝陽向《ヒナタ》ちゃん〟って呼んでくれてたのに、いまは〝藤原さん〟なんですね」

そういえばそうだな。小さい頃みたいに、「陽向ちゃん」って呼ぶには、時間が空きすぎた気がする。いまから急に下の名前で呼んでも、変だし、緊張するし。

「そ、そんなこといったら、藤原さんだって、いつの間にか敬語使ってるじゃん」

「……それもそうですね。じゃあ、私はもう敬語使うのやめます」

おお、笑った笑った。いつも困った顔の藤原さんが笑うと、なんか勝利した気分になる。

しかし、僕が彼女を「陽向ちゃん」と呼べるようになるのはいつになるんだろう。負けた気がする……。

「なんだ、お前らつきあってるみたいだな」

後ろから急に声をかけられて二人で振り向いたら、汗だくの道人《ミチト》だった。焦《あせ》ること言うな！

「お、オッス。バスケの練習？　引退まだなの？」

「引退だよ……。レギュラー外されて、しかもチームも全国行けなかったし。でも身体がなまっちまうから、補習サボってなんとなく走り込み」

そうか、道人はいつもエラそうにしてるけど、コイツもいろいろあるんだな。

「で、お前らつきあってんの？」

話を戻すなよ。このテの話は、僕も藤原さんも苦手なんだよ、やめてくれよ。

「そ、そういうんじゃないから！　やめてくれよもう！」

「なに焦《あせ》ってんの？　慌《あわ》てすぎてバレバレだぞお前。超めんどくせー文化祭実行委員に、お前が立候補する時点でおかしいんだよ。ユーたちつきあっちゃいなよ♡」

人に対して初めて殺意を覚えたぞコノヤロー。ワーイワーイって逃げるなよ！

「……もう、道人さんってば、そんなわけないのに。私が困ってるの見て、優しい元輝《モトキ》くんは不憫《ふびん》に思って立候補してくれただけですよね」

「ま、また敬語使ってるよ、ひ、陽向《ヒナタ》ちゃん」

よ、呼べた。下の名前！　そのままいけ、僕‼

「どっ、どどど、土曜日！　夏祭り……、行こうよ一緒に……。この看板描くの終わったら」

ヤバい、死ぬ。口から心臓が出る。

「う、うん……！　ありがとう、よかった。おばあちゃんが仕立ててくれた浴衣《ゆかた》、着る機会ができた」

陽向ちゃんが笑った。僕の完全勝利だ。勉強以外で初めての。しかし、これでまた、勉強が手につかない日々がやってきた……。

禅語

「花」と「ほほえみ」だけで「以心伝心《いしんでんしん》」

「拈華微笑《ねんげみしょう》」

昔靈山會上。
世尊拈花迦葉微笑。
世尊道。
吾有正法眼蔵涅槃妙心。
分付摩訶大迦葉。
次第流傳勿令斷絶。

大慧宗杲《だいえそうこう》『正法眼蔵《しょうぼうげんぞう》』

書き下し文

昔《むかし》、霊山会上《りょうぜんえじょう》にて、世尊《せそん》、花を拈《ねん》ずるに、迦葉微笑《かしょうみしょう》す。
世尊、道《いわ》く、
「吾《われ》に正法眼蔵《しょうぼうげんぞう》・涅槃妙心《ねはんみょうしん》あり、摩訶大迦葉《まかだいかしょう》に分付《ぶんぷ》す。
次第《しだい》に流伝《るでん》して、断絶《だんぜつ》せしむること勿《なか》れ」

現代語訳

昔、霊鷲山《りょうじゅせん》での説法《せっぽう》の会で、お釈迦様《しゃかさま》が花を手に取ってみなに示したところ、摩訶迦葉《まかかしょう》だけが意味を理解して微笑《ほほえ》んだ。

世尊《せそん》はみなに告げて仰《おっしゃ》った。

「私の持っている、仏法の正しい教え、悟《さと》りの本質を摩訶迦葉にゆだねよう。

しっかりと世に広めなさい。

途絶《とだ》えさせることがあってはならぬぞ」

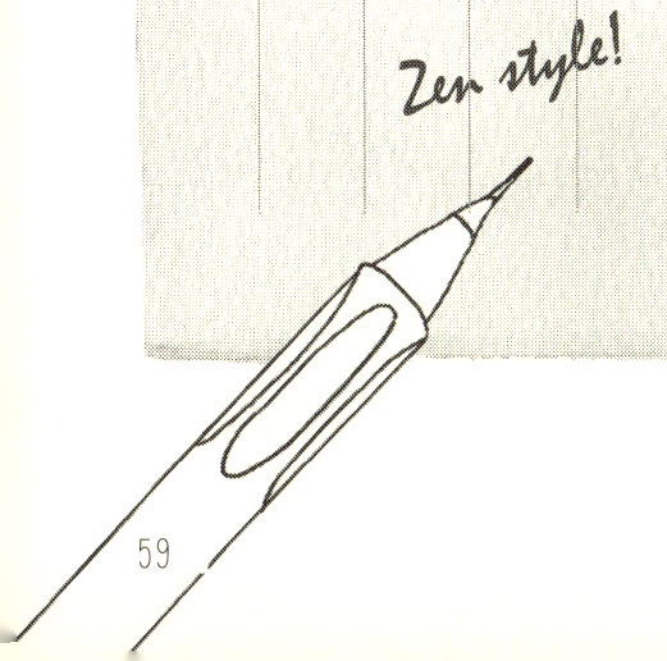

解説

「拈華微笑《ねんげみしょう》」とは、仏教を開いたブッダがその弟子・摩訶迦葉《まかかしょう》に仏法《ぶっぽう》（教え）を継承《けいしょう》したときのエピソードとして有名なものです。

ブッダは自分の説法《せっぽう》を聞きに来た聴衆《ちょうしゅう》の前で、一輪《りん》の花を手に取って示します。言葉はありません。

誰もブッダが何を伝えたいのかわからないのでポカンとしています。

そんな中、弟子の摩訶迦葉だけがブッダの意を汲《く》んで、にっこりと微笑《ほほえ》みました。これを見てブッダは、「私のすべての教えを理解した摩訶迦葉に、すべて受け継《つ》がせる」と宣言しました。これで仏教の第二祖が誕生したのです。

これは禅《ぜん》の教えの基本理念である**「以心伝心《いしんでんしん》」**を表現した逸話《いつわ》です。ブッダの教えは言葉や文字で表せるものではなく、「心から心へ」と直接受け継いでいくものだということ。「拈華微笑」はこれを端的《たんてき》に表したエピソードといえましょう。

ところであなたは、恋をしてしまったら、その気持ちを相手に伝えたくてうずうずするタイプですか？　それとも、意識しすぎてまったく手も足も出ないタイプですか？

勇気を出して告白するのは本当にドキドキしますね！　めでたく恋人同士になれたら天にも舞うような気持ちになることでしょう。

フラれたときにはこの世の終わりみたいな気持ちになりますが……。

でも、フラれたっていいことにしましょう。**とにかく自分の気持ちを相手に伝えた、それは自分にとっての大きな前進だ**、禅ではそう捉《とら》えるのです。

もちろん、だからといって、何も考えずに猪突猛進《ちょとつもうしん》しなさい、というわけではありません。

しっかりと相手の立場や状況を考えて、その上で伝えることが大事ではないでしょうか。

そこまで考えておけば、相手もこちらが傷ついて立ち直れなくなるような〝塩対応〟はしないでくれる、と思うのですが……。

いまでは、直接声に出さなくても、メッセージアプリで伝える方法もあります（そういえば『以心電信《いしんでんしん》』なんて曲もありましたね）。送信ボタンを押すのに何時間も悶《もだ》え苦しむことになるかもしれませんが、それでも直接顔を合わせて告白するより、だいぶ楽かもしれません。

でもやっぱりちゃんと自分の気持ちを伝えるには、**直接会って伝えることが大切**。なぜなら、会話というのは話す言葉だけではなく、**そのときの表情や仕草《しぐさ》で伝わることもたくさんある**からです。

だから「直接心を伝える」ことを忘れないでほしい。そこが「拈華微笑《ねんげみしょう》」なのです。

人を好きになると、相手の一挙手一投足《いっきょしゅいっとうそく》が気になってしまうものです。うれしそうにしているか、悩んでいるように見えるか、その細かな変化に気づいてしまいます。

もちろん、相手に気味悪がられるほどじっと見ているのは変ですが、**なんとなく「波長《はちょう》」を感じてしまう**、というところでしょうか。

そんなとき「うれしそうだな、なんかいいことあったのかな?」「元気ないな、どうしたんだろう?」と相手を気にかけてあげることが、そのまま摩訶迦葉《まかかしょう》の微笑《ほほえ》みといえるのではないでしょうか。

相手が誰へともなく差し出している花に、**「自分は気づいているよ」と言葉はなくとも心で示すことはできます**。あからさまに世話を焼くのではなく、さりげなく気遣《きづか》ってあげると、それはきっと相手に伝わります。

そうすると今度は逆に、自分が差し出している「好きです」という花を、相手はにっこりと微笑んで受けとってくれるでしょう。

9月

親がうるさい！自由になりたい承子《ショウコ》の場合

あ〜、二学期が始まってしまった。

張り切って金髪にしてデジパもかけたのに、結局彼氏できないまま、もとに戻《もど》しちゃったよ、こづかいがもったいない（涙）。

そろそろ学校行く時間だけど、定期を探すのもめんどう。つーか、バカどもうるさい!!

「どけろよババア、俺のリコーダー踏《ふ》むんじゃねえ！」

「誰がババアだクソガキ！　生意気言ってるとぶっ殺すぞコラ」

なんでこんなに、うるさくて汚《きたな》くて邪魔《じゃま》くさい弟ばっかり二人も生まれたの？

「アンタ女の子なんだから、そんな汚い言葉遣《づか》いやめなさい！　なんなのその言い方！」

「うるせえよ、ババア！」

こっちはこっちで母ちゃんもウザい。

なんで私ばっかり怒るの？　兄弟みんな悪くても、いつも怒られるのは私ばっかり。

「母ちゃんに向かってババアとはなんだコノヤロ！　母ちゃんに謝れ、承子《ショウコ》」

父ちゃんは、昔はよく私をかわいがってくれたのに、最近は説教ばっかり。

「アンタたちの口が悪いから娘の私も口が悪いんだよ。育ちが悪いんだから当然じゃねえか、偉《えら》そうにすんな！」

「待て、承子！」

もう嫌だ、こんな家。今日は絶対に絶対に帰らない！　こんな家早く出てってやる。

「お前、夏休みの間もアホみたいな金髪にしやがって、子供のくせに化粧なんかしてんじゃねえ！　もうすぐ受験なのに勉強もしないで遊んで歩いて、個人面談で母ちゃんは恥かいたって言ってたぞ。せっかく無理して真面目な学校に入れてやったのに」

「無理してくれなくてけっこう！　どうせ貧乏なのに見栄《みえ》張るから私が苦労してんじゃねえか。私は受験なんかしないですぐ働く。こんな家出ていく！」


……ハイ、本当に帰るところがなくなりました。

夜に街を徘徊《はいかい》してたら、父ちゃんも母ちゃんも心配するかな。するわけないか。先生たちは、探し回るのかな。私みたいな落ちこぼれは学校にとって迷惑かな。

とりあえず、放課後はどこかで時間を潰《つぶ》すしかない……。


あ、仏の良寛《ヨシヒロ》じゃん。ベンチで腐《くさ》ってる私に話しかけてくるなんて、怖いもの知らずだな。

「こんなところで何してんの、承子《ショウコ》ちゃん。暇《ひま》なら幼稚園に来てみない？」

行くところがないからって、良寛について幼稚園に行くなんて、よっぽど病《や》んでるな私。

懐《なつ》かしいなあ、天童幼稚園《てんどうようちえん》。私も良寛も、あんまり覚えてないけど陽向《ヒナタ》も元輝《モトキ》も、小さい頃はよくこの園庭《えんてい》で走り回ってたな。あのときは、クラスにグループも階級《かいきゅう》もなかったな。

それにしても、良寛のヤツ、本気で園児と遊んでるよ……。あんな泥まみれになって子供と本気で遊ぶなんてバカじゃないの？

「承子ちゃんもおいでよ、鬼ごっこ楽しいよ。この子たちはね、みんな親御さんの都合で夜遅くまでここで過ごすんだ。一緒にご飯食べていかない？」

なんで私の危機的状況を見抜いてるの、コイツは。

「しょーちゃんのとーたんとかーたんはねぇ、おさかなやさんなのー。ふたりともいっつもうみのにおいがするんだよー」

そういえば、いつも園長先生にこう言って話してた。父ちゃん母ちゃんの帰りを待っていた私が、いまでは帰らない立場になってる。もう二人とも、小さくはない私を迎えには来てくれない……。

禅語

口うるさい親のありがたみは、いますぐにはわからない

「老婆心切《ろうばしんせつ》」

首座云、汝何不去問堂頭和尚、如何是佛法的的大意。

師便去問。聲未絶、黄檗便打。

如是三度發問、三度被打。

自恨障緣、不領深旨。今且辭去。

黄檗云、不得往別處去。汝向高安灘頭大愚處去、必爲汝說。

師云、某甲三度問佛法的的大意、三度被打。不知某甲有過無過。

大愚云、黄檗與麼老婆、爲汝得徹困、更來這裏、問有過無過。

（抜粋）　臨済義玄《りんざいぎげん》『臨済録《りんざいろく》』

書き下し文

首座《しゅそ》云《いわ》く、

「汝何《なんじなん》ぞ去《ゆ》きて堂頭《どうちょう》和尚《おしょう》に問《と》わざる、如何《いか》なるか是《こ》れ仏法《ぶっぽう》的々の大意《たいい》と」

師便《しすなわ》ち去《ゆ》きて問う。声未《こえいま》だ絶《た》えざるに黄檗《おうばく》便ち打《う》つ。

是《かく》の如《ごと》く三度《みたび》問《と》いを発《はっ》し三度打《う》たる。

自《みず》から障縁《しょうえん》ありて、深旨《じんし》を領《さと》らざるを恨《うら》む、今《いま》は且《しば》らく辞《じ》し去《さ》らんと。

黄檗云く、「別処《べっしょ》に往《ゆ》き去《さ》ること不得《なか》れ。

汝、高安灘頭《こうあんだんとう》の大愚《たいぐ》の処《ところ》に向《む》かいて去《ゆ》かば、必《かなら》ず汝が為《ため》に説《と》かん」と。

師云く、「某甲《それがし》三度仏法的々《てきてき》の大意を問い三度打たる。

知らず某甲過《とが》有《あ》りや、過無《な》きや」

大愚《たいぐ》云く、「黄檗、与麼《かく》も老婆《ねんごろ》に汝の為にし得《え》て徹困《てっこん》たるに、さらに這《こ》裏に来《きた》りて過有りや過無きやと問わんとは」

（抜粋）

現代語訳

先輩の睦州《ぼくしゅう》和尚《おしょう》が、臨済《りんざい》に「仏法《ぶっぽう》の大事」を師匠に質問しに行くよう勧《すす》めた。

臨済が黄檗《おうばく》師匠に質問すると、すぐさま棒《ぼう》で叩《たた》かれた。

三回質問に行って、三回叩かれたので、

臨済は意を決し、黄檗師匠のもとを離れ大愚《たいぐ》和尚《おしょう》のもとへ移った。

そこで黄檗に叩かれた話をし、

「私にどんな間違いがあったのでしょうか」と聞くと、

大愚は言った、

「そこまで親切に指導してくれていたのに気づかずにいたのか」と。

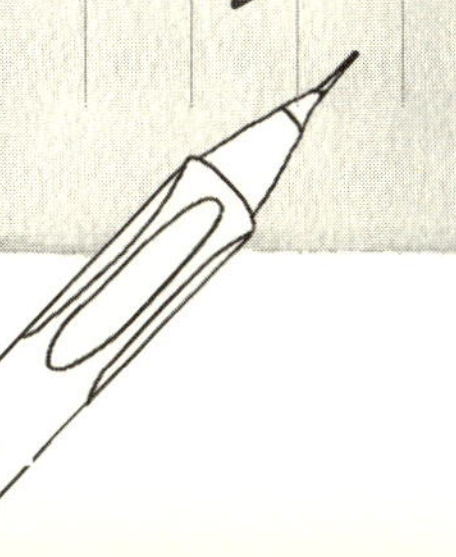

解説

一般的に「老婆心《ろうばしん》」というと、「老婆心から言わせてもらうが……」などという使い方をしますが、要するに必要以上に親切すぎて、大きなおせっかいのことをいいます。

ここで取り上げる禅語《ぜんご》の「老婆心切《ろうばしんせつ》」が語源ではあるのですが、もとの意味は少しちがっていて、おばあちゃんが孫を思うような細やかな心《こころ》遣《づか》いのことなのです。時代の流れとともに意味が変化しているのですね。

このお話は、中国・唐の時代の臨済禅師《りんざいぜんじ》が、まだ若い修行僧だったころの逸話《いつわ》です。先輩の僧が「仏法《ぶっぽう》の最も大事なことは何か、黄檗師匠《おうばくししょう》に聞いてこい」というので、その通りに師匠のもとへ質問に行きます。

すると、まだ言い終わらないうちにいきなり棒で叩《たた》かれたのです。意味がわかりませんね！

「はぁ!?　なんで？」と言いたげな若き臨済の顔が浮かんできそうです。

三度質問に行って、三回とも棒で叩かれました。

失望した臨済は、もう師匠のもとを去ろうと決心し、挨拶《あいさつ》に向かうと、「大愚和尚《たいぐおしょう》ならきっとお前を導《みちび》いてくれるだろう」と言われます。

臨済は大愚和尚のもとへ移り、事の顛末《てんまつ》を語ります。すると、大愚和尚にまで叱られるのです。

「黄檗和尚がそんなにも慈悲深《じひぶか》く、親切に指導してくれているのに、自分が間違っているかなどと疑問に思っているのか！」と。

これを聞いて臨済は、黄檗和尚の指導が心底丁寧《しんそこていねい》だったことを知り、悟《さと》りを開いたのだそうです。

黄檗師匠の愛の鞭《むち》は、臨済に何を教えていたのでしょうか。結論からいうと、「その答えは自分で探し出せ」ということです。**叱ったのではなく、行動で導いてくれた**のです。

禅の教えは言葉を用いて解答解説しない「不立文字《ふりゅうもんじ》」の原則があります。自分で体得《たいとく》しなければならないのだから、質問なんかしてこないで答えは自分で探せ、という言葉なき指導だったのです。

だったら、質問してこいと言った先輩を叩いてもらいたいものですが（笑）、先輩もわかっていて臨済を遣《つか》わしたのかもしれません。ずいぶん荒っぽい指導ですが、大愚和尚の導きで臨済はしっかりと師匠の愛情を汲《く》みとることができました。

さて、承子《ショウコ》ちゃんは口うるさいお父さんお母さんにウンザリしているようです。あれはダメこれはダメと否定ばかりされて、逃げたくなってしまう気持ちもわかります。

しかし、お父さんもお母さんも、**娘が憎《にく》くて厳しくしているわけではない**ことがほとんどです。むしろ、子供に対して愛情がないのなら、口うるさく言うことにエネルギーなんて使わないでしょう。

子供が将来、きちんと自律《じりつ》して生きていけるように教育しなければならないという責任のもとで、口やかましくなってしまっていることは理解できます。

親の愛情は、子供が生まれたときから、その手を離《はな》れていってもなお、変わることはないと信じていいでしょう。自分の分身《ぶんしん》であり、体の一部のような存在なのですから、心配しないはずがありません。

ただしそれは、**子供に対する期待や希望、現在置かれている状況の葛藤《かっとう》の上に存在する**ものなので、ただやみくもに「子供の好き放題にさせる」「猫かわいがりする」だけではありません。

ときには厳しく声を上げたり、わざと突き放してみたり、黙って見守るだけのときもあるでしょう。**いろいろな形で親は子を導《みちび》こうとしています。**

ときには、子供の気持ちを理解する余裕《よゆう》がなくなり、行き過ぎてしまうことがあるかもしれません。

そんなときは、**自分の考えをしっかりと理解してもらうために、膝《ひざ》を交えて語り合う努力が、お互いに必要でしょう。**

親子というのは遠慮《えんりょ》のない間柄《あいだがら》ですから、少々口悪く言いあったりすることがあるかもしれません。親だって人間なのですから、ときには身勝手な要求をしてくることもあるでしょう。

そんなときは、この「老《ろう》婆《ば》心《しん》」という言葉を思い出してみてください。もちろん、いま使われている意味ではなく、もとの意味のほうです。

「ハイハイ、わかりましたよ、おつかれさま」と、**自分の方が老婆になって、お父さんお母さんの気持ちを受け止めてあげましょう。**そうすれば、お互いの気持ちが通じあうきっかけになるのではないでしょうか。

やってみよう、坐禅《ざぜん》

坐禅を実践《じっせん》してみたことはありますか？　足を組み、呼吸を整え、耳をすまし、「ただ坐《すわ》る」。よく、「坐禅をするとリラックスできる」「ストレス解消になる」「集中力が鍛《きた》えられる」と言う人がいますが、はたして本当でしょうか？　考えるより、実際にどんなモノかやってみよう！

目線は斜《なな》め下を見る感じで、普通に開けておきます。

口は軽く閉じる。あごをひく。

足は「**結跏趺坐**《けっかふざ》」。右足先を左足の腿《もも》の上、左足先を右足の腿の上へ。キツい場合は、「**半跏趺**《はんかふ》**坐**《ざ》」（片足先のみ腿の上へ）や、普通の胡坐《あぐら》でもOK。

手は「**法界定印**《ほっかいじょういん》」。右手の平の中に左手を差し込み、両手で輪を作ります。親指はかすかにくっついている程度にあわせます。組み合わせた手は下腹部へ置きます。

両肩の力を抜く。

背筋をのばす。姿勢は、耳と肩、鼻と臍《へそ》が垂直になるように。

これで**一炷**《いっちゅう》（長い線香が燃え尽きる約40分間）の間静かに坐ります。

間違いなく足の痺《しび》れは免《まぬが》れません！　けっこうキツいので、途中で断念してしまうかもしれませんが、それはそれ。実践してみることが鍵。「まだ終わんないの!?」と時間が長く感じられることでしょう。スマホをいじっていればあっという間の時間ですが、「何もするな」といわれると、40分って意外とたっぷりあるんです。「時の流れ」や「時間の使い方」を見直すきっかけになるかもしれませんね。

秋

ひとたび思う少年の時
書を読みて空堂に在り

良寛

10月

成績が上がらない。焦《あせ》りばかりが募《つの》る道人《ミチト》の場合

道人 -ミチト-

「模試の結果返すぞ〜」

ああ、模試ね。そんなのいつ受けたっけ?っていうくらいどうでもいいな。正式には「どうでもいい」じゃなくて「どうにかして」かもしれない。

レギュラーを外された後遺症《こういしょう》がこんなにも尾を引くなんて思ってもみなかった。バスケを奪《うば》われてからというもの、すっかりもぬけの殻《から》だよ、勉強もゲームも手につかねえ。

あれからめっきりモテなくなったし、彼女もできないし……。

げ！　偏差値《へんさち》32って。俺ってこんなに成績悪かったっけ⁉　ボケボケしてる間に、周りが追い込みかけてたんだ、やっべー。それにしても元輝《モトキ》のヤローはずいぶん余裕《よゆう》だな。

「オイ、元輝様よ。お前なんでそんなに勉強ばっかしてんの？　勉強してるふりして、じつは陽向《ヒナタ》のことばっか考えてんじゃねえの？　さぞ文化祭は楽しかったろうよ」

真っ赤になったってことは、図星《ずぼし》か。いいなぁ、元輝にすら彼女できてんのに、俺ってばすべてにおいて負けてんじゃん。


「お前、ムカつくから穴あけてやる」

「コラコラ、シャーペンで人をつつかないのー、元輝くんが痛がってるじゃないかハハハ」

良寛《ヨシヒロ》もいっつもヘラヘラ笑いやがって余裕だな。


「そうか、良寛は実家の幼稚園継《つ》ぐから別に勉強しなくてもいいのか」

「僕だって苦手だけど、ちゃんと勉強してるよ〜。幼稚園の教諭《きょうゆ》の免許《めんきょ》取らないといけないし。道人《ミチト》くんは進路どうするつもり？」

「……わかんねぇ。勉強しなきゃいけないっていうのはわかってんだけど、別になりたいものもないし。バスケは好きだったけど、別にプロになれると思ってたわけじゃないし、教師になってバスケ部の顧問《こもん》とかも考えたことあるけど……」

部活を引退するとき、先生に言われたことを思い出した。

『お前がレギュラーになってたとしても、うちのチームは全国には行けなかったよ』

思い出しただけではらわたが煮《に》えくり返る。あいつと同じにはなりたくない。けどやっぱり、俺が知らないうちにチームをぶち壊《こわ》してたのかな……。あれからすべてにおいて、自信が持てなくなった。

「いま決めなくていいんじゃない？　やりたいことは、そのうち見つかるよ。悩みながらやってればいいんじゃない？　そのままでいいんだよ、そのままで」

さすが良寛《ヨシヒロ》、悟《さと》ったようなことを言うな……。

「どうしよう、って悩んでる暇《ひま》があったら、勉強しなよ。自分にごほうびを用意するとかさぁ……」

元輝《モトキ》がめずらしく自分から意見を言ってきた。

「お前のごほうびってなんだよ？」

元輝は顔を真っ赤にしてニヤけてる。

「毎週土曜日に、陽向《ヒナタ》ちゃんと図書館で勉強することになってるんだ。陽向ちゃんが苦手な図形問題を、それまでに猛勉強して教えてあげたらさ、スゴイって言われるんだよね。……はうぅぅ!!」

「だから、道人《ミチト》くんってば、シャーペンを刺《さ》すのは暴力だよ！　妬《や》いてるのはわかるけどさぁ……」

もともと成績のいいヤツの話なんて参考にならねえ。俺はいままで何をやってたんだろう。バスケなんかじゃなくて、もっとちゃんと真面目に勉強やっとけばよかった。

禅語

「目的地」ではなく「道のり」こそが問題だ

「只管打坐《しかんたざ》」

学道《がくどう》のさだまれる参究《さんきゅう》には、坐禅弁道《ざぜんべんどう》するなり。
その榜様《ぼうよう》の宗旨《しゅうし》は、作仏《さぶつ》をもとめざる行仏《ぎょうぶつ》あり。

道元《どうげん》『正法眼蔵《しょうぼうげんぞう》』「坐禅箴《ざぜんしん》」巻

■現代語訳

仏の道を学ぶための確かな究明方法《きゅうめいほうほう》は、
坐《ざ》禅《ぜん》修行《しゅぎょう》を行うことである。

その道しるべとなる教えの根本には、
「仏になること（作仏《さぶつ》）」を求めない「仏としての修行（行仏《ぎょうぶつ》）」がある。

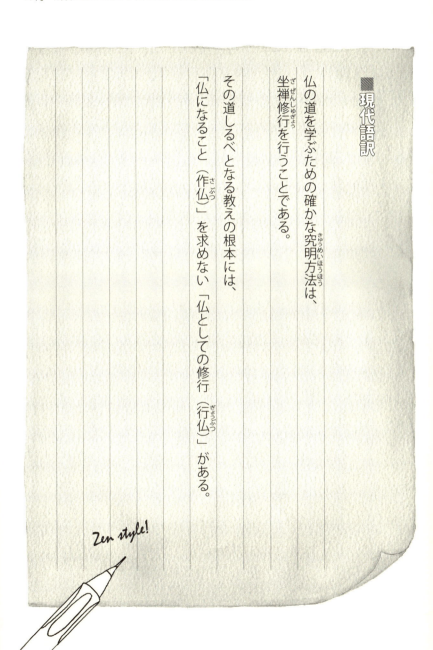

解説

さて、禅《ぜん》の教えもそろそろメインテーマに入ります。高校生くらいであれば、聞いたことがあるかもしれません。**「只管打坐《しかんたざ》」**という言葉です。直訳すると「ただ坐《すわ》る」になります。短いですが、これは道元禅師《どうげんぜんじ》がその著書《ちょしょ》『正法眼蔵《しょうぼうげんぞう》』の中でもっとも強く説いている教えの一つです。

一般的な修行僧とは何のために修行をしていると思いますか？「悟《さと》り」を得るために坐《ざ》禅《ぜん》や禅問答《ぜんもんどう》に打ち込んでいるというイメージですね。厳しい修行《しゅぎょう》の先に悟りというものがあり、それを目標にがんばるというようなものではありませんか。

基本的にはそのイメージで間違ってはいません。ブッダの教えもそれに近いものがあり、大勢の僧たちがブッダと同じ「悟り」を開いて仏になるために彼に続きました。

しかし、道元はその常識を覆《くつがえ》す理論で禅の修行というものを、私たちの生き方の上に意義づけます。生きとし生けるものすべては**「最初から仏である」**とします。

そうすると「人間が最初から仏なのであれば、辛い修行なんか必要ないじゃないか」というずるい考え方も出てきてしまいますね。ここからが本題です。

「仏だからこそ、修行をする」のです。もともと仏なのだから、仏になることを求めるのではなく、仏であり続けるために「**仏としての行いを修め続ける**」のです。

イメージ的には、電気の明かりを「悟り」だとしましょう。

スイッチを入れるとパッと明かりがつきますね。でも真っ暗な中ではスイッチがどこにあるのかわかりません。手探《てさぐ》り感覚で追い求め、やっとのことでスイッチを見つけて明かりをつけます。

それまでの仏教では、このスイッチを探し求めることが厳しい修行でした。

しかし、道元禅師が広めた教えは、自転車をこいで電気を起こし、明かりを灯《とも》し続けるためには自転車をこぎ続けなければならない、というイメージです。

自転車をこぐことをサボってしまえば、明かり（悟り）は消えてしまいますよね。だから生きている限り死ぬまでこぎ続けなければならないのです……。厳しいですね。

道元禅師は、禅僧にとって「仏として光り続ける」ための自転車こぎは「坐禅」だとしたのです。「ただ坐る」こと。

禅問答の答えをあれこれと考える必要も、無の境地《きょうち》を追い求める必要もない。

「悟りを得るために坐禅をする」のではなく、「ただ坐る」だけなのです。それが「只管打坐」。

道元《どうげん》の教えに深く感銘《かんめい》を受け、生涯《しょうがい》に渡って禅《ぜん》の教えを貫《つらぬ》いたアメリカ人がいます。故スティーブ・ジョブズがその人です。iPhoneで有名なアップル社の創業者《そうぎょうしゃ》です。彼は亡くなる直前まで道元禅師が開いた永平寺《えいへいじ》に憧《あこが》れていたといいます。

彼の残した言葉に「**Journey is the reward**」という言葉があります。

直訳すると「道のりこそが報酬《ほうしゅう》だ」という意味になります。要するに「**終着点を気にするな**」ということ。**歩き続けていることこそが、自分への最高の〝ごほうび〟**だというのです。

ジョブズはアップルを大企業に成長させることや、大富豪になることには執着《しゅうちゃく》していませんでした。「**墓場で一番の大金持ちになっても意味はない**」という言葉を残しています。何度も失敗や挫折《ざせつ》を繰り返しましたが、そのたびに初心に返り、人の役に立つすばらしい製品を作り出すことにベストを尽くしたのです。

この「Journey is the reward」という言葉は彼の歩みの根底にあった道元禅師の教えである「只管打坐《しかんたざ》」をかみ砕《くだ》いた表現といえるでしょう。

受験で合格することや、偏差値《へんさち》を上げることを目標に勉強することは間違いではありません。しかし、もっと重要なことは、「**知識が増え、理解が進むこと**」です。目的は「合格すること」「数字を上げること」だけではなく、**「着実に積み上げること」**です。勉強をすることは学生の本分ですから、〝すること〟自体が、自分が自分であることを確かめる方法の中心であり、禅僧にとっての坐禅《ざぜん》と同じです。そこに好き嫌いも目的もありません。

「何のために勉強しているんだろう」なんて考えたって、たぶんいますぐに答えは出ません。**「答えは勉強し続けることの中にしかないのだよ」**という道元禅師の声が聞こえてきそうです。

試験に合格したからって、人生はそれで終わりではありません。次の試験もあるし、仕事の評価《ひょうか》もあるし、結婚だの育児だの、次から次へと課題は降って湧《わ》いてきます。

「なんでやんなきゃいけないの？」なんて考えてる時間があったら、その時間も明かり（悟《さと》り）が消えないように自転車をこぎ続けましょう。自分がすばらしい存在であることに、疑問を持たずに。

11月

死んだら人はどうなるの？　死の恐怖に怯《おび》える陽向《ヒナタ》の場合

陽向 -ヒナタ-

テレビで昨日の人身事故《じんしんじこ》のニュースをやってる。電車が遅れてすごい迷惑だったけど、人が死んじゃったんだから、文句は言ってられないな。

私と同い年の子が死んじゃったという噂《うわさ》は聞いた。知ってる子だったら嫌だな。

『昨日、線路内に侵入《しんにゅう》し、電車にはねられて死亡した男性の身元は……』

死亡した子の顔……どこかで見覚えがある。名前も知ってる。そうだ、幼稚園が一緒だった男の子だ！　虫が大好きで、いつもダンゴムシを捕《つか》まえては、虫が嫌いな私を追いかけまわしてた、元気のいいあの子。どうして自殺なんか……？

『……その後の調べで、同級生数人が、高架《こうか》から飛び降りるよう強要し……』

はぁ？　自殺じゃないの？　いじめ？　それって、他殺じゃん。
いじめで人を殺しちゃうなんて、頭がどうかしてるよ！

次の日はもちろん、この話で持ち切り。元輝《モトキ》くんも、亡くなった彼のことは覚えてたみたい。
「かわいそうだね、天童幼稚園《てんどうようちえん》で一緒だった、虫取り名人の子だよね。信じられない」
「元輝くん、お願い。事件があった高架に行って、お花をあげて手を合わせたい。どうしても他人事と思えなくて……。つきあってほしいんだけど」

放課後にお花屋さんで二人で小さな花束を買って、事件が起こった高架に行ってみた。もうすでにたくさんの花やお菓子がお供《そな》えしてある。

あ、良寛《ヨシヒロ》くんだ。私たちよりも先に、ご供養《くよう》に来ていたんだ。手を合わせる良寛くんの肩が震《ふる》えている。振り返った良寛くんは、目に涙をいっぱいためている。

「彼がどんな思いでこのフェンスを登ったか。怖かったろうね。お父さんお母さんの顔が浮かんだかな……。かわいそうに、もう彼とお話することができないんだ」

報道陣《ほうどうじん》がカメラを向けて、被害者が飛び降りた高架《こうか》を見上げたり、線路を見下ろしたりしている。スマホを向けて写真を撮ったり、ピースサインを出してる子もいる。どういう神経《しんけい》してるんだろう……。

レポーターが学生にインタビューしてる。

「いじめで追い込まれたという話ですが……」

「なにも殺さなくてもいいと思いますけどね。まあ、殺したいヤツはいっぱいいますけど」

学生たちはゲラゲラ笑ってる。

あきれたレポーターは良寛《ヨシヒロ》くんにマイクを向けた。良寛くんは涙をふいて話し始めた。

「命って何ですか?　どうして人を殺しちゃいけないのか、答えられますか?　教えてください。お願いします。」

レポーターは押し黙っている。元輝《モトキ》くんがつぶやいた。

「大人が明確に答えられないんだから、十代の僕たちにわかるわけがないよ……」

死ぬと人はどこへ行っちゃうの？　もう大好きな人たちとは会えなくなるんでしょ？　年をとるのも、病気になるのも、事故に遭《あ》うのも怖い。私は死にたくない！　明日、もしも死ぬことになったら……私はどうなっちゃうんだろう……。

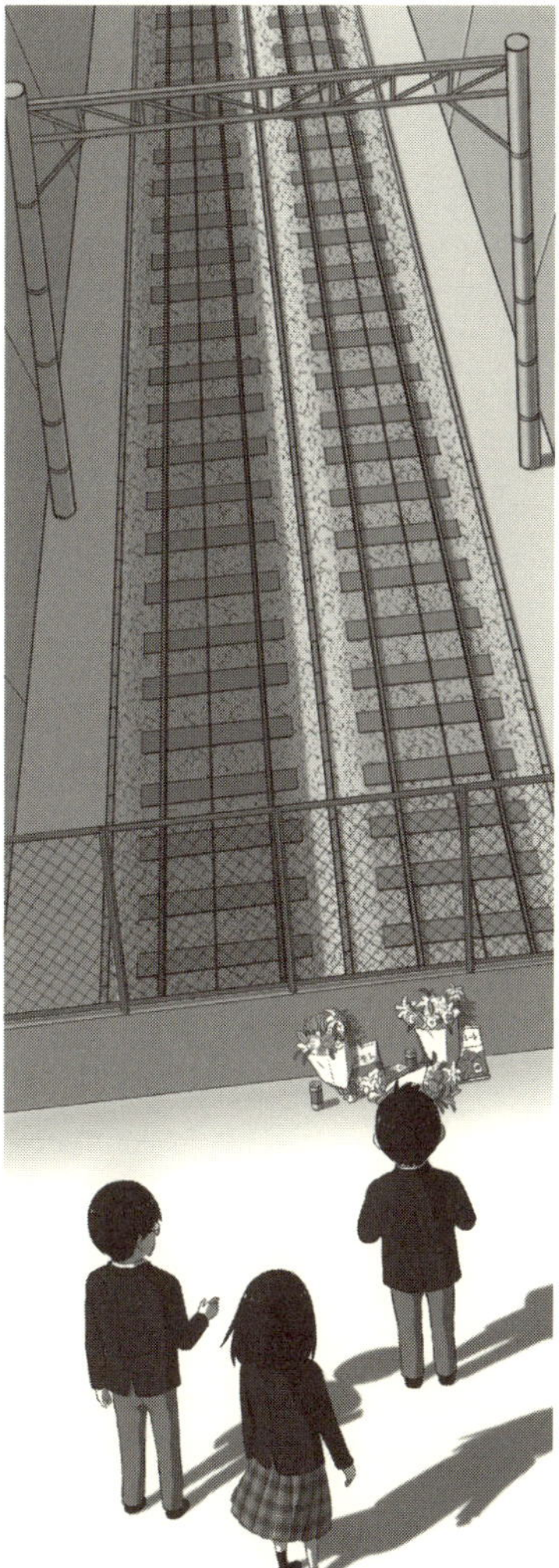

禅語

死に対する恒常的《こうじょうてき》な解答はない

「睦州快与《ぼくしゅうかいよ》」

上堂云、汝等快与、快与。
老僧七十九也。看看脱去也。
僧便問、師百年後、向什麼処去。
師云、三十年後有人挙在。

睦州道明《ぼくしゅうどうみょう》『睦州語録《ぼくしゅうごろく》』

書き下し文

上堂《じょうどう》に云《いわ》く、「汝等《なんだち》、快与《いそげ》、快与。
老僧《ろうそう》七十九なり。看看《かんかん》に脱《だっ》し去《さ》らん」
僧、便《すなわ》ち問《と》う、「師、百年《みまかり》し後、什麼処《いずこ》に去《ゆ》く」
師曰《いわ》く、「三十年後に人ありて挙《こ》するあらん」

現代語訳

睦州《ぼくしゅう》が上堂《じょうどう》して言った。

「君たち、急げ急げ。私は七十九才だ。みるみるうちに逝《い》ってしまうぞ」

そこで僧が質問した。

「お師匠様は、亡くなった後、どこへ行かれるのですか」

睦州は言った。

「その問題は三十年後に誰かが取り上げてくれるだろう」

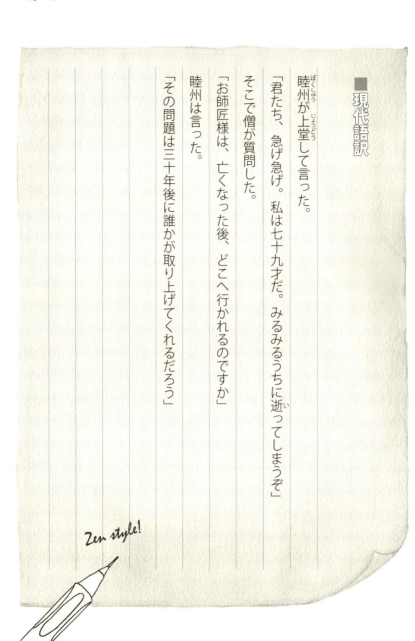

解説

十年以上生きているならば、一度くらい「死」について考えたことがあるでしょう。身近な人が亡くなったり、飼《か》っていたペットが亡くなったり、はたまた自分が死ぬかと思った経験があるかもしれませんね。

「死」は生きているものに平等に与えられている運命です。死んだら人はどうなると思いますか？

よくいわれるのは、生前に善《よ》い行いをしていた人は極楽《ごくらく》へ行き、悪行を重ねた人は地獄へ行くという話ですね。成仏《じょうぶつ》できない人は幽霊《ゆうれい》になってこの世をさまよい歩くとか。臨死《りんし》体験をしたという人の話を聞くことがありますが、本当かどうかは死んでみないとわかりません。しかし、「とりあえず一回死んで戻ってくるわ～」と試してみることができないのが人生です。死の先に何があるかわからないのは不安で恐ろしいことですね。

睦州《ぼくしゅう》和尚《おしょう》という禅《ぜん》の指導者が年をとって、弟子を急《せ》かしています。もう自分はいつ死んでしまうかわからない年だから、生きている間に教えられることはできるだけ多く残してやりたいと思っているのでしょう。

「百年し後」とは、そのままの字面では百年後ですが、さすがにどんな位の高い禅僧でも、百七十九才までは生きられないでしょう。ですから、百年と書いて「みまかる＝身罷《みまか》る（死ぬ）」と訓《くん》読みしています。

弟子は急かされついでに「師匠は死んだらどこへ行くのですか？」と質問します。非常にシンプルで単刀直入《たんとうちょくにゅう》な質問ですね。それに睦州和尚はこう答えます。

「そんなことは、三十年後に誰かがまた話題にしてくれるさ」

つまり、いまはそんな質問をしている場合ではない、三十年後にまた議題にあがったときに考えなさい、ということでしょう。


睦州和尚は「三十年」と、具体的な数字をあげていますが、これは禅の修行に最低限必要な年数を意味しています。だからここは、「君のいまのレベルでは理解不能！　出直してこい」といった意味になりますね。かといって、そのときになったら誰かが教えてくれるということでもなさそうです。

むしろ、修行が進んだときに、この僧が睦州和尚と同じレベルに達していることを期待した発言だったのです。そしてそれは、**「死んだ後のことなんてわからないのだから、考えたってしょうがない」**という心境《しんきょう》だったのではないでしょうか。

善《よ》い行いをしたから極楽へ行ける？　人を殺したから地獄に落ちる？　いっぱい勉強していっぱい稼《かせ》ぎ、いっぱい税金を納《おさ》めたので極楽へ行く権利がある？　さて、それはどうかわかりません。**誰も死んで確認したことがないのですから。**

「死んでからのことは、死なないとわからないのだから、生きているお前たちは、生きるとは何かということを考えなさい」という睦州和尚《ぼくしゅうおしょう》のメッセージです。

若くして突然に死が訪れてしまった人や、苦しんで亡くなった人に対しては、さぞ無念であろう、どうか安らかに……と、残された私たちは手を合わせます。でも、それ以上は何もできません。**私たちにできるのは、その事実と向き合いながら、生きていくことだけ**なのではないでしょうか。

あのブッダでさえ死について思い悩み、その解決のために修行を始めたのです。その最終的な解決は、**この世界のあり方をしっかりと見つめることしかない**、というものでした。

じつは仏教はここから始まります。**あらゆる存在が、変化しながら繋がりあってこの世界が保たれている。**これを理解することが大事だというのです。ブッダでさえ悩んだのですから、この際、**死んだ後のことについて考えるのはやめて、「しっかり生きること」**について前向きに考えませんか。

明日がどうなるかなんて誰もわかりません。

かといって、「明日死ぬかもわからないから、やりたい放題やっちゃおう」と思うのは間違いです。だって、**自分一人だけで生きている人なんていません。**それを理解するのが、「悩みの解決」だったのですから、一人だけが好き勝手なんかできるはずがないのです。そんなことをするよりも、**自分の居場所をしっかりと理解して、みんなと仲良く調和していくほうが楽しい**と思いませんか。

禅《ぜん》で「みんなが仏だ」というのは、そういう**大切な居場所を、みんながどこかに持っているということ**なのです。それがどこかは、なかなか見つけられないかもしれません。でも必ずあるはずなので、それを探しながら、自分だけの貴重な人生を生き切ってみませんか。

理解の範疇《はんちゅう》を超えた**「死」というものがあるからこそ、「生」を輝かせることができる**のです。

12月

謝りたいのに素直に謝れない。承子《ショウコ》の場合

承子 -ショウコ-

幼稚園時代に一緒だった男子がいじめで死んだ。一か月経ってだいぶ世間は落ち着いてきたけれど、身近でこんな事件が起こると町全体が悲しんで、みんな落ち込んだ。

あれから学校では、いじめアンケートが何度も繰り返された。もちろん、私たち女子が陽向《ヒナタ》のことをいじめてたこともバレた。呼び出されて説教されたけど、もう陽向をハブる気にはなれない。

ムカついてはいたけど、死んでほしいとは思ってない。「死ね」って言葉は何度も吐き出したけど、あれ以来、簡単に口に出してはいけないんだってことは、こんな私にもわかった。

二学期が始まってすぐ家出したとき、親は血眼《ちまなこ》になって私を探し回ったらしい。

私を見つけたときの母ちゃんの半狂乱《はんきょうらん》っぷりはすごかった。父ちゃんも私の顔を見たと

たん、腰を抜かしてへたり込んでたな。もちろん、その後、鉄拳《てっけん》をくらったけど……。良寛《ヨシヒロ》のお父さんが止めて、よく説明してくれたからよかったけど、殺されるかと思った。弟の「母ちゃんを泣かすな！」にもシビレたね。

あれ以来、家の中は普段通りに戻ったけど、そういえば私はまだ親には謝ってない。親は良寛のお父さんや学校の先生に土下座《どげざ》して謝ってたっけ。あの姿は忘れられないな。でも、私は謝れない。私をこんな風に育てたのは親だし、いまさら謝るようなタイミングも見つけられない。

いじめアンケート以降、席替えのたびに私の周りは、なんだか生真面目《きまじめ》な連中ばっかりにされた。いい子ちゃんたちで周りを固めて、私を更生させようっていうの⁉

隣の席は元輝《モトキ》だ。カンニングするときはお世話になってマス。

「ねぇねぇ、元輝〜。アンタ陽向とうまくいってんの？」

元輝が真っ赤になった。ほんとわかりやすいんだから。こういうところがお似合いではあるんだけどさ。

「まさかアンタたちがデキちゃうとはねぇ、気持ち悪〜い。クリスマスはどうするの？」

「気持ち悪いは失礼だよ！　僕たちは受験生だから、クリスマスも正月もないだろ！」

からかうと超おもしろい。でもまぁ正直、うらやましいかな。

「あのさぁ、元輝《モトキ》。ちょっと……一つ相談があるんだけど……」

「カンニングならやめてくれよ」

「そうじゃなくて！　あのさぁ……、ちょっとコレ、マジなんだけど」

元輝が不思議そうな顔で私を見た。急に真面目な話をしてきたから驚いたんだろうな。

「陽向《ヒナタ》ってさぁ……、まだ私のこと怒ってるかな？　謝っても許してくれないかな？」

元輝が目を丸くした。しばらく固まったあと、まくしたてるように言った。

「許してくれるかどうかはわからないよ。でも、もう気にしてはいないと思う。嫌っても、怖がってもいないと思う。だから、ちゃんと謝りなよ！　陽向ちゃんはきっと許してくれるから！」

　やっぱ、彼女を心配してたわけね、コイツは。こんな必死な顔、初めて見た。

「ちょっとさぁ、アンタからそれとなく、どう思ってるのか聞いてみてよ。まだ怒ってたら嫌じゃん？」

「何言ってるの！　僕が聞いてどうするんだよ。きちんと自分でいかなくちゃダメじゃないか」

「だってさぁ……」

　いまさら急に陽向と仲良くなったって、周りが気持ち悪がるじゃん。話を聞いていた良寛《ヨシヒロ》がこっちを見て笑って言った。

「陽向ちゃんは優しい子だから、きっと許してくれると思うよ。許す、許さないは別として、そう思ってくれたことを、よろこんでくれると思うよ」

禅語

口だけではダメ。態度で示さなければならない

「現成公案《げんじょうこうあん》」

有時纔見新到云。現成公案。放你三十棒。
僧云。某甲如何。
師云。三門頭金剛為什麼却挙起拳。
僧云。金剛尚乃如是。
師便打。

睦州道明《ぼくしゅうどうみょう》『睦州語録《ぼくしゅうごろく》』

書き下し文

有《あ》る時《とき》、纔《わずか》に新到《しんとう》を見《み》て云《いわ》く、「現成公案《げんじょうこうあん》、你《なんじ》に三十棒《さんじゅうぼう》を放《ゆる》す」
僧云く、「某甲《それがし》、如何《いかん》」
師云く、「三門頭《さんもんとう》の金剛《こんごう》、什麼《なん》と為《し》てか却《かえ》って拳《けん》を挙起《きょき》せる」
僧云く、「金剛は尚《な》お乃《すなわ》ち是《かく》の如《ごと》し」
師、便《すなわ》ち打《う》つ。

現代語訳

あるとき、師匠が新人の僧が来るのを見たとたんに言った。

「もうお前に判決《はんけつ》は下ったぞ。三十叩《たた》きは許してやろう」

僧が言う、

「私がどうだというのです」

師が言う、

「寺の三門（山門）にある金剛像はなぜ拳を挙げているかわかるか」

僧が言う、

「金剛像はまさに、あのような形をしているから拳を挙げているのです」

師はすぐさまこの僧を打った。

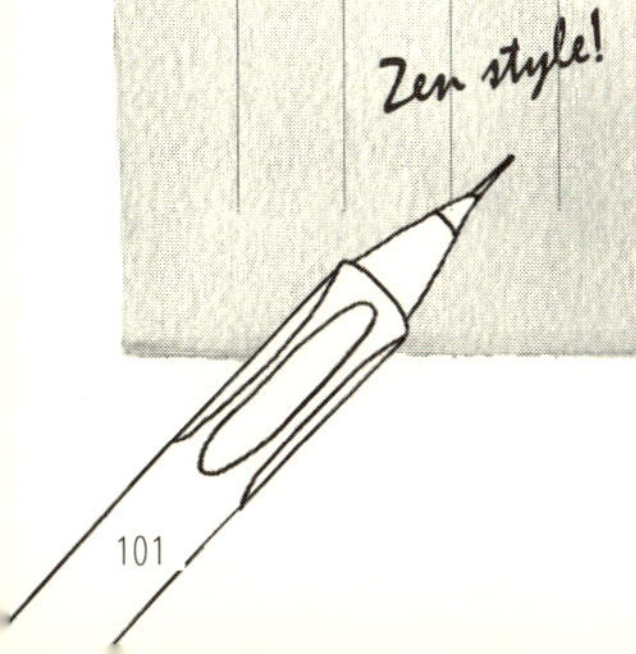

解説

三十棒《さんじゅうぼう》とは「三十叩《たた》き」のこと。中国で行われていた刑罰《けいばつ》の一つで、かなり重いものです。中国の禅《ぜん》の指導者は、修行者がうぬぼれや怠《なま》け心を持ったと見るや、すかさずこの罰を与えました。

いまの日本ではどんな理由であれ体罰＝暴力ですから、愛の鞭《むち》なんて言葉は通用しませんが、昔の修行僧はこれを温かなはげましとして素直《すなお》に受けとって学んでいたようですよ。

これはある新人の僧が初めて師匠に会ったときのお話です。どうやら物事をわかったような気になっている、思い上がった新人だったようです。師匠はそんな輩《やから》なんて一目見ただけでお見通しです。「お前の判決《はんけつ》は下ったぞ、三十叩きは許してやる」と言います。お前のような思い上がりの強いヤツは、最初から三十叩きにするところだが、今日のところは許してやるという意味です。いきなりそんなこと言われても、新人僧は意味がわかりません。「師匠から見て私はどうなのですか？」と質問します。

「三門《さんもん》（寺の門）に立っている金剛像《こんごうぞう》は、何のためにあのように拳《こぶし》を振り上げているのだと思うかい？」と師匠が逆に訊《たず》ねたのに対して、僧はきっと得意げに言ったのでしょう。

「金剛像はあのままであのような姿形をしているからですよ」と。するとすぐさま棒で打ちすえられたとさ！

このように、思い上がった頭でっかちの鼻っ柱をへし折るような話は痛快《つうかい》ではありますが、二人の会話や行動が噛《か》み合っているのかどうか、イマイチよくわかりませんね。これが禅問《ぜんもん》答《どう》の難解なところであり、また面白いところでもあります。

例えば、新人僧がとても謙虚《けんきょ》な性格だったとして、「きっとあの金剛像は、私のような若《じゃく》輩者《はいもの》を打ちのめすために、拳を挙げているのであります！」と答えたらどうでしょう。師匠は満足してニコニコと迎《むか》え入れたでしょうか。

はたまた、「私にはまだわかりません。これからたくさん坐禅《ざぜん》を組んで、しっかり考えたいと思います」と答えるのが正解でしょうか。

じつは確定的に〝これが正解〟という答えはないのです。同じ答えでも、あるときは叩かれ、あるときは認められます。そんな理不尽《りふじん》な！　と思うかもしれませんが、そのとき、その場の状況や態度によって答えが変わる。それが禅問答なのです。

「ごめんね」という言葉は幼稚園で、またはそれ以前から使う言葉ですね。

よくイタズラやケンカをすると親や先生に叱られますが、同じ「ごめんね」でも説教を受けた後にしぶしぶ言う「ごめんね」は、言わされているだけであって、本音では反発心でいっぱいだったりしませんか？　とりあえずこのセリフさえ言っておけば、その場はしのげますから。

しかし実際には腹の中ではベロを出しているような状態では、本当に反省していることにはなりませんね。また同じことを繰《く》り返すのは目に見えています。

言葉では謝っているようですが、心が伴《ともな》っていません。睦州《ぼくしゅう》和尚《おしょう》に打たれた新人僧のように、**口先だけで取り繕《つくろ》っても、「仏（＝ちゃんとした自分）」にはなれない**のです。**心と行動が伴って、初めて嘘偽《うそいつわ》りのない自分になれるのです。**だから、空虚《くうきょ》な言葉だけの「ごめんね」には何の意味もありません。

本当は謝って仲直りしたいけれども、変にプライドや周囲の目が気になって素直になれないという気持ち、とってもよくわかります。素直に謝ってしまうと、それはそれでなんだか負けたような気がしますよね（笑）。

それでもなんとかして気持ちは伝えたい、そう思ったら、心と行動で示しましょう。**「拈《ねん》華微笑《げみしょう》」でも説明しましたが、「ごめんね」の言葉はなくとも、心を伝える方法はあるはず**です。

お友達に謝りたかったら、自分から目を見て笑顔で挨拶《あいさつ》してみる、口も利《き》かない親子ゲンカならご飯を全部きれいに食べて「ごちそうさま」を言ってみる、まずはそこから始めてみましょう。

そして、なんとなく相手も心を開いてきてくれたなと思ったら、そこで改めて「あのときはごめんね」でよいのでは？

そして、**その言葉が本当かどうかを証明するためには、行動で示さなければなりません。**間違ったことをしてしまったのなら、もう二度と同じ間違いを繰り返さないことです。**「あのごめんねは口先だけじゃなかったんだな」**と思ってもらうことです。

まずは**自分が心を入れ替えましょう。**仏の心を行動で示し「あの子は変わったな」と思ってもらうことが、本物の「ごめんね」ではないでしょうか。

日本発！
海外セレブも実践する「ZEN」

日本では、「禅《ぜん》」というと、宗教《しゅうきょう》関係者やお年寄りのためのもの、というイメージがあるかもしれません。しかし、禅の教えはいまでは世界中に広まっており、西洋の各地に「ZEN Center」なるものが作られ、日々、坐禅《ざぜん》修行に励《はげ》んでいる外国人がいるのです。とくにIT企業の経営者やスポーツ選手に、禅の愛好者が多いのだとか。たとえば…

Stay hungry, stay foolish.

ハングリーであれ、愚《おろ》かであれ。

かの有名な「アップル」の創業者《そうぎょうしゃ》で、「iPhone」や「iPad」の開発者として知られています。彼は若い頃から禅の教えに傾倒《けいとう》しており、日本から禅を広めるために渡米《とべい》した乙川弘文《おとがわこうぶん》という禅僧《ぜんそう》に師《し》事《じ》していました。彼の残した多くの言葉には、禅の思想に基づいたものが数多く残されています。

Steve Jobs

スティーブ・ジョブズ

1955年2月24日～2011年10月5日

If you meet the Buddha in the lane, feed him the ball.

もしもレーン上で仏様に会ったなら、彼にパスを出してあげなさい。

Phil Jackson

フィル・ジャクソン

1945年9月17日～

アメリカNBAの元バスケットボール指導者。監督として、シカゴ・ブルズとロサンゼルス・レイカーズで計11度の優勝に導《みちび》いています。禅の教えに傾倒《けいとう》していた彼は、「禅マスター」のあだ名で全米に知られたほどです。

その他にも、マイクロソフト創業者のビルゲイツや、映画監督のマイケル・ムーア、モデルのミランダ・カーなども、坐禅（瞑想《めいそう》）の実践者なのだそう。もはや日本の「禅」は、世界の「ZEN」だ！

冬

Simple can be harder than complex.

Steve Jobs

1月

持って生まれた特徴や病気に苦しむ陽向《ヒナタ》の場合

インフルエンザのワクチンは受けた。マスクも手洗いもうがいも万全《ばんぜん》。冬になると風邪《かぜ》をひかないように、必死で防衛《ぼうえい》しなくちゃいけなくなる。それは私が今年受験生だから……、だけではない。風邪をこじらせて、肺炎にでもなっちゃったら、家族全員が大変な目に遭《あ》うから。とにかく今年は、お正月を病院で迎えることにならなくてよかった。

私は生まれつき心臓の病気を持って生まれた。生まれ出た瞬間から肌が紫色になっていたらしい。いままでに二回の心臓手術を受けた。それでも、風邪をひくだけで重症化《じゅうしょうか》してしまい、家族旅行が頓挫《とんざ》したことも一度や二度じゃない。そのたびに弟が泣いて怒る。

私だって泣きたい。好きでこんな体に生まれたんじゃない。長い入院とか手術とか、普通に生まれてたら経験しないでいい痛みや恐怖を味わってきた。

少しの運動で息が上がっちゃうから、体育の授業は大嫌い。運動会や体育祭はできるだけ欠席するように、お母さんに泣きついた。でもこの病気のことは外見じゃわからないから、私はただの運動音痴《うんどうおんち》と思われてるんだろう。

「陽向《ヒナタ》ちゃん、今年の夏はもう入試も終わってるから、海にでも行こうか」

元輝《モトキ》くんから誘われたとき、ドキッとした。海に行くってことは、水着になるってことだ。ってことは……、

手術痕《しゅじゅつこん》を見られるってことだ。

私の胸にはミミズが這《は》ったような手術の痕《あと》がある。どうしても見られたくないから、プールの授業は心臓病を理由に避けてきた。どんな水着を着ても、必ずどこかから見えてしまう。それを見たら、きっと元輝くんはびっくりするだろうな。元輝くんは優しいから、何も言わずに離れていくかもしれない。

たとえ私の傷を見て大丈夫って言ってくれたとしても、そこから先へは進めない。私は突《とつ》然変異《ぜんへんい》で心臓の病気を持って生まれたけど、この病気自体はすでに私の遺伝子《いでんし》に組み込まれてるから、子供には二分の一の確率で遺伝する。

そんなこと、元輝《モトキ》くんには言いたくない！　もしも、私たちの関係が卒業後も続いたとしても、その先、まさかのプロポーズを受けたとしても、このことを話したとたんに元輝くんは離《はな》れていっちゃうかもしれない。

たとえ心から「陽向《ヒナタ》じゃなきゃダメなんだ」って思てくれたとしても、それをそのまま受け入れていいのかな。二人の将来のことだから、いっぱいいろんなことを考えていかなければならない。

「インフルエンザが流行《はや》ってきたね、二年生が学級閉鎖《へいさ》になったたってさ。陽向ちゃんは大丈夫？　こじらせやすいから気をつけないとね」

元輝くんの優しさに答えたい。それに、普通の女の子として恋愛や旅行を楽しんでみたい。この体や現実を変えることはできないけど、勇気を出してみてもいいかなと思うようになってきた。

「元輝くん、あのね、夏になったら海水浴に行く約束したよね」

「うん、まだ半年以上も先の話だけど、夏が待ち遠しいね。その前に雪とウィルスとの戦いだ」

「まだまだ先の話だけど、そのときは私は水着にはなりたくないの。水着になりたくない訳があって、そのときに勇気をもってちゃんと話すから、真面目に聞いてほしいの……」

元輝くんは黙ってうなずいた。ただごとじゃないことは伝わったみたい。

私がこの体で生まれた以上、避《さ》けられない問題。夏までに覚悟を決めなくちゃ。

禅語

自分を愛そう。たとえ理想とはちがっても

「趙州《じょうしゅう》不《ふ》揀択《けんじゃく》」

僧問趙州。

至道無難唯嫌揀択。

如何是不揀択。

州云。天上天下唯我独尊。

僧云。此猶是揀択。

州云。田庫奴。什麼処是揀択。

僧無言。

圜悟克勤《えんごこくごん》『碧巌録《へきがんろく》』

書き下し文

僧、趙州《じょうしゅう》に問う、「道に至《いた》るに難《かた》きことなし。ただ揀択《けんじゃく》を嫌うのみ、と。如何《いか》なるか是《こ》れ不《ふ》揀択《けんじゃく》」

州云く、「天上天下《てんじょうてんげ》、唯《た》だ我独《われひと》り尊《とうと》し」

僧云く、「此《こ》れ猶《な》お是《こ》れ揀択《けんじゃく》」

州云く、「田庫《でんしゃ》の奴《ぬ》、什麼処《いずこ》か是《こ》れ揀択《けんじゃく》」

僧、語なし。

■現代語訳

僧が趙州和尚に質問した。

「『道に至《いた》るのは難しいことではない、ただえり好みしなければいいのだ』、という言葉がありますが、えり好みをしないとはどういうことですか」

趙州は答えた、「釈尊《しゃくそん》が『天の上にも天の下にも、世界でただ私一人だけが尊《とうと》い』と仰《おっしゃ》った、そのことだ」

僧は言う、「私一人だけが最も尊いだなんて、やっぱり他人と比べたりして、えり好みしてるではないですか」

趙州は言う、「この愚《おろ》か者《もの》めが。この言葉のどこがえり好みだというんだ」

僧は黙り込んだ。

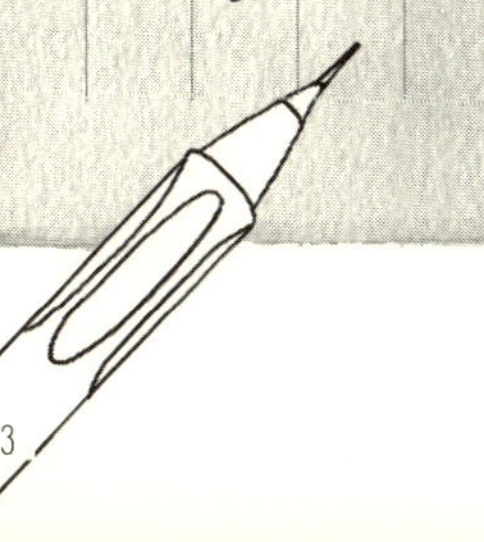

解説

誰しも多かれ少なかれ、コンプレックスはあるものです。家庭環境に恵まれなかったとか、目鼻立ちがよくないとか、人によりますが、どこか必ず文句をつけたいところはあるでしょう。

そんな自分の弱点が、努力次第で修正できるものなら、どんどん努力すべきかもしれません。しかし、障害《しょうがい》や持病など、自分の努力だけでは解決しきれない場合もあるでしょう。

陽向《ヒナタ》ちゃんの場合は、生まれつきの病気で苦労したようです。医療《いりょう》技術の進んだ日本では、病気自体を治療することはできるでしょう。

しかし、その消えない治療《ちりょう》の痕《あと》がコンプレックスになってしまった。また、自分の子供にも遺伝してしまう可能性がある。陽向ちゃんはその現実と死ぬまでつきあわなければなりません。

家庭を持たずに一生独身を貫《つらぬ》き通すならば、誰にも知られずに生きることができるかもしれません。しかし、陽向ちゃんは恋を知ってしまいました。

そうなると、悩みはますます深くなるばかり。手術の痕や、持病のある遺伝子を、好きな人は受け入れてくれるだろうかと。

でも、恋をして、結婚して家庭を持つ、という**「夢を見ること」自体が、してはいけないことではない**はずです。むしろ、**これから強く生きていく上でのパワーとなる**ことでしょう。

さてこの現実をどう受け入れるか。そこでこの**「趙州不揀択《じょうしゅうふけんじゃく》」**という禅問答《ぜんもんどう》が生きるヒントを与えてくれます。

「えり好み」とは、好きなものばかりを選びとることをいいます。「えり好みをしない」とは、好き嫌いを言わず、分け隔《へだ》てなく何でも受け入れるということ。

趙州和尚《じょうしゅうおしょう》はえり好みしないことを**「天上天下唯我独尊《てんじょうてんげゆいがどくそん》」**と表現しました。この言葉は、ブッダが生まれ出たその瞬間に、いきなり七歩歩いて天と地を指さして宣言したという伝説にもとづいています。

まさか真実とは思えませんが、とても有名な言葉であらゆることに引用されてはいますが、誤解《ごかい》もあるようです。

「天の上にも天の下にも、世界でただ私一人だけが尊《とうと》い」とは、世界で自分が一番偉《えら》いから、みんな私を尊敬せよ、という意味ではありません。

趙州和尚《じょうしゅうおしょう》に質問した僧も、似たような解釈をしてしまったのでしょう。僧は「自分が唯一、と言ってる時点で他のものよりも自分をえり好みしているではありませんか」と受けとっています。これは大いなる勘違いです。

ブッダが言った「世界でただ私一人だけが」というのは、「世の中の他のものと比べて、自分が一番」という〝相対的《そうたいてき》な〟意味ではありません。「唯一無二」の〝絶対的な〟意味での尊《とうと》さをいっています。**「ナンバーワン」ではなく、「オンリーワン」**のことです。

確かに、陽向《ヒナタ》ちゃんの運命は、相対的には悲しいことかもしれません。健康な人と比較すれば通院などの苦労も多く、いろいろなリスクも高いのですから。しかしそれは、「健康でなければ幸せではない」という、一般論にもとづいています。

他と比べず、この自分の現実を受け入れることができれば、そこからは幸せに向かって、ポジティブに歩みを進めていけるのではないでしょうか。

「天上天下唯我独尊《てんじょうてんげゆいがどくそん》」とは、**いまの自分が幸せだろうが不幸だろうが、現実をしっかりと受け止めて、自分の尊さを悟《さと》る**ことをいいます。

自分の性格や見た目が、自分の好みではないかもしれません。生まれ育った環境も、自分の希望とはちがうかもしれません。むしろ希望通りに生きている人なんて、ほとんどいないかもしれませんね。

それでも、他人からどう評価されようと、笑われようとも、嫌われようとも、**自分で自分の存在を尊《たっと》んであげる**こと。自分のすべてを受け入れて愛することが、幸せへの第一歩なのではないでしょうか。

そうすれば、**人からの愛をまっすぐ受け入れられるようになるだけではなく、人の幸せを心からよろこんであげられるようになります**。「オンリーワン」の自分を愛するのと同様に、「オンリーワン」のみんなを愛せるようになれれば、それが最高の幸せですね。

2月

まさかの受験で不合格!? 人生最大の打撃を受けた元輝《モトキ》の場合

元輝 -モトキ-

小学校のころからなぜか物覚えがよくて、勉強ができる子といわれた。ほめられるとうれしくって、もっともっと勉強してほめられようとして、いつしかガリ勉呼ばわりされてた。まあ、ガリ勉は間違いではないんだけど、周りのみんなは僕が根っから勉強好きで、すぐになんでも覚えられるんだろうみたいなことを言う。

そんなわけないだろ。僕だって『転落』するのが怖くて、日々努力を続けてるんだ。定期テストのたびに一番じゃなかったらどうしようって、そればっかり考えてる。

順位が発表されるたびに、ホッと肩をなでおろして、どっと疲れが出るんだ。

模試では第一希望から第三希望まで、全部の学校にA判定が出ているから、きっと大丈夫なんだろう。合格できるはずだと思っていても、やっぱり不安が募《つの》る……。

陽向《ヒナタ》ちゃんにいいところを見せたくてがんばってきたけど、結局は陽向ちゃんの苦手な数学ばっかりがんばって、他の教科がおろそかになってしまった。どんなに集中しようと思っても、すぐに陽向ちゃんのことばっかり頭に浮かんできて、どうやって触れようとか、海に行ったらナントカカントカ……そんなことばっかり考えちゃって、自分でもイライラする(涙)！　もし僕が第一希望に合格しなかったら、元凶《げんきょう》は陽向ちゃん!?　いやいや、そんなわけナイナイ。一緒にがんばってきたんだから。同じ学校に進学することを夢見て。

不安と煩悩《ぼんのう》の嵐の中で、入学試験が一通り終わってしまった。確信がないまま、今日の合格発表を迎えたけど、自己採点は悪くなかったから、僕の受験番号はあるはずだ。

「じゃあね、しっかり見てきて！　写真撮ってきてね、お父さんにもメールで送るから」

お母さんが車で送ってくれた合格発表。お母さんは僕が合格することを疑ってない。きっと晩御飯は豪華《ごうか》になるんだろうな。さすがに一緒に見に行くのは恥ずかしいから断った。

学校の敷地内《しきちない》は歓喜《かんき》の叫《さけ》び声やら、泣きながら抱き合う親子がにぎやかにやってる。もちろん、暗い顔して出ていく人もいる。自然と自分の足も速くなる。

お、陽向《ヒナタ》ちゃん発見！　一足早く着いたんだ。一緒に合格してたらいいな。

「おはよう。陽向ちゃんの番号はあった？　なんか浮かない顔してるけど」

「うん、私の番号はあったよ。あったんだけどね……」

自分の番号はあったんだけどね……って何？　僕の番号は……？

……目の前が真っ暗だ。僕の前の番号と、三つ後の番号がある。その間がない。ということは僕の番号はないってこと？　なんで？　なんでないの？　僕の番号……。

しばらく凍《こお》りついていて、どれだけ時間が経ったのか、覚えていない。陽向ちゃんや様子見に来ていた塾の先生は、たぶん温かい声をかけてくれたんだろうと思う。フラフラと車に戻って乗り込んだら、お母さんは僕の異様な様子を見て察《さっ》したようだった。

「まあ、いいじゃない第二希望も。校庭も図書館も広くてさ、通えば好きになるわよ！」

がっかりしてるのを押し殺して、努めて元気な声をかけてくれる。夜食を作ってくれたり、いっぱいフォローしてくれたのに、辛い演技をさせてしまった。塾や学校の先生にも申し訳ないことをした。

きっと学校の連中はみんなびっくりするだろう。元輝《モトキ》が不合格だったって。僕より成績が下だった三人がみんな合格したのに、一番だった僕だけが落ちた。

気がついたら、いつもの僕の部屋。出て行ったときは、こんな気分で帰ってくるとは思わなかった。叫びたい！　大声と涙で、この苦しみと恥《はじ》を体から絞《しぼ》り出して、全てなかったことにしたい！

今日は何年ぶりか、泣き叫ぶしかない。

禅語

自分の居場所は、自分で作るのだ

「随処作主《ずいしょさしゅ》」

古人云、
向外作工夫、総是癡頑漢。
爾且随處作主、立處皆真。

臨済義玄《りんざいぎげん》『臨済録《りんざいろく》』

書き下し文

古人云《こじんいわ》く、外に向って工夫《くふう》を作《な》すは、
総《すべ》て是《こ》れ痴頑《ちがん》の漢《かん》なり、と。
爾《なんじ》、且《しばら》く随処《ずいしょ》に主《しゅ》と作《な》れば、立処皆《りっしょみな》真《しん》なり。

現代語訳

昔の人は言った。

自分の外側にあるものに向かってあれこれと努力するのは、

まったくの愚か者である、と。

どこにあっても自分に主体性を持ち、

与えられた場所で本気で物事と向きあえば、それが真実の姿となる。

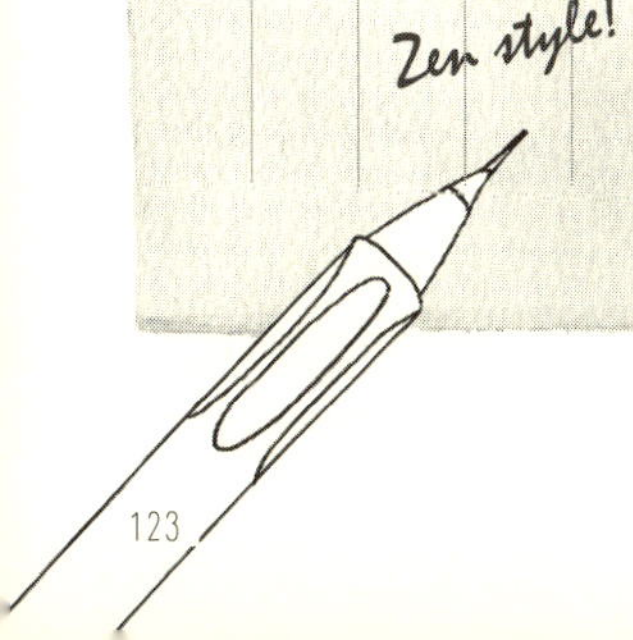

解説

　このご時世、一生のうちで一度も試験というものを受けたことがない、という人は少ないと思います。早い人では幼稚園から、遅くとも大学までには一度は受験して学校を決めることになるでしょう。

　どんなに努力したって、結果は合格か不合格のどちらかなのだから、残酷《ざんこく》なものです。何度かチャンスが与えられている場合もあるでしょうが、それだってすべてうまくいくとは限りませんからね。人生で乗り越えなければならない壁の一つでしょう。

　乗り越えなければならないものは、受験以外にもたくさんあります。資格試験や就職、転職、結婚などなど……。先に出たNBAのバスケットボール指導者・フィル・ジャクソンも「Your problems never cease. They just change. **あなたの課題は尽きない。ただ変化していくだけだ**」と言っています。

　自分の希望通りの結果にならないことがあるかもしれません。元輝《モトキ》くんの場合は第一希望の学校には行けず、第二希望かそれ以外の学校に入学することになるでしょう。

　四月からの風景は、自分が思い描いていたものとちがった……。だからといって、それで元輝くんの人生は終わってしまったのでしょうか。

まさか、そうではありませんね。試験に不合格だった直後は、大きなショックでどうしてよいのかわからなくなってしまうかもしれませんが、学校には行かねばなりません。勉強も続けなければなりません。

新しい学校に行ってから、「ここは僕の第一希望ではなかった。本当は○○校に行くつもりだったんだけど……」と言うのはやめにしましょう。だって、なんだかんだ言っても、**自分を合格させてくれた学校ですし、その学校を目指して勉強してきた人もたくさんいる**はずですから。

とにかく、どうあがいたって、決まった学校に行くしかないのです。

それを、「本当はこんな学校に行きたくなかった」と思うよりも、「**この学校とすっごく縁《えん》があった!**」と思ってみませんか。

「この学校の先生や友達と出会うために、第一希望に行けなかったのだ。それほど、この学校と自分との縁が強いのだ」と思ったら、学校生活が楽しみなものになってきませんか?

「随処《ずいしょ》に主《しゅ》と作《な》る」とは、**「どこにあっても自分に主体性を持つ」**ということです。**場所がどこであれ、主人公は自分です。**学校が主人公なのではありません。

「自分の外側（周囲の環境）にある学校」についてあれこれと文句を言ったり評価したりするのではなく、**与えられた場所でしっかりと自分自身を研磨《けんま》するしかないのです。**卒業するときの達成感をできるだけ大きなものにできるよう、前向きにエネルギーを使いましょう。

もしかしたら部活に燃えることになるかもしれない。生徒会長を狙ってみるのもいいかもしれない。毎日自分らしく努力していれば、**ステージ（学校）は問題ではない**と気がつくでしょう。**自分の居場所は自分で作るのです。**

ベトナム戦争で平和と人道活動に尽力《じんりょく》したティク・ナット・ハンという禅僧《ぜんそう》がいます。詩人としても活躍した彼の作品の中に、「一枚の紙に雲を見る」という詩があります。

「もしあなたが詩人であるなら、この一枚の紙に雲が浮かんでいることをはっきり見るでしょう。雲なしに雨はありません。雨なしに樹は育ちません。そして、樹々なしに紙はできません。ですから、この紙の中に雲があります。この一ページの存在は、雲の存在に依存《いぞん》しています……」

世の中は**いろいろなものが自然に生かしあって存在している**ということがこの詩から読みとれます。これを仏教の言葉で「縁起《えんぎ》」と呼びます。一般的に「ご縁《えん》」のことです。

自分はこの学校に通うご縁があったのだ。ここで仲間たちと出会い、たとえトラブルや失敗に見舞われたとしても、みんなでそれを解決していく。そうやって自分をいちばん成長させてくれるのがこの学校だ。そんなふうに、前向きに受け止め学べたら幸せですね。

できれば、受験をする前からこの心構えを持ってしまうのはどうでしょう。**合格したところがいちばん自分に向いている学校なのだ**と。だからどこも第一希望のつもりで受験するのです。

どんな学校にも、偏差値《へんさち》以外にいいところはあるものです。学食がおいしいとか、体育館が広いとか、図書室がきれいとか、制服がかっこいいとか、いいところを見つけようと思えば一つや二つあるでしょう。

さすがに一番行きたいところを優先に試験のスケジュールを立てる必要があると思いますが、**どこに行くことになってもご縁なのだ、主人公は自分なのだ**と思って受験に臨《のぞ》めたら最強ですね。

3月 卒業。僕たちは何を学んできたのだろう？ 道人《ミチト》の場合

道人 -ミチト-

ついに卒業のときがやってきた。長くてつまらない学校生活だった。特に三年の夏以降は……。部活を引退してからは勉強に身が入ることもなく、テキトーに入れる学校を受験して、ソツなく入学が決まった。

驚いたのは元輝《モトキ》だ。まさかコイツが第一希望に不合格なんてありえないと思ったけど、結局は第二希望に入学ということで決着がついたらしい。

陽向《ヒナタ》とちがう学校になったのは残念だったろうし、しばらく暗くて、みんな腫《は》れ物に触るように接していたけど、一週間も経ったらシャキッとしてきて、なぜか俺と良寛《ヨシヒロ》に「ハーバードでリベンジ！」と打ち明けてきた。意外とメンタル強えーなコイツ。

これから始まる新しい生活に俺はわくわくしている。次はどんな人と出会うだろう、どん

な友達ができて、どんな彼女ができるかな。楽しいことばかりじゃないことはわかってる。また信じられないような試練が待ち受けているんだろうな〜ってことは、なんとなく想像できる。でも、どんな困難だってかかってこい！　と受け止められる根拠のない自信というか、妙な高揚感《こうようかん》が、この季節にはある。

でも、やっぱり……

勉強するときも、遊ぶときも、弁当食うときも、ずっと一緒だった仲間と離れ離れになるのは、寂《さび》しい。バスケ部のときはなんだかんだ衝突《しょうとつ》もしたけど、最終的にはこの仲間がいたからがんばって来れたのかもって思う。

卒業したら新しい学校でまたバスケをやろうって思えたのも、コイツらとちがう学校になって、今度はライバル同士で会えたら面白れえなって思ったんだ。

そんなことをしみじみ考えていたら、承子《ショウコ》が陽向にからんでいた。

「もうちょっと背筋伸ばして歩きなさいよ！　せっかくアイプチとツケマ教えてあげたのに。かわいくなって元輝のヤツを驚かせてやるんでしょ？」

「い、いや、でも恥ずかしいです！　こんなオシャレしたことないから私、見られたらやっぱり恥ずかスいです……。元輝《モトキ》くんもよろこんでくれるかどうか……」

あ、もう、いじめてるわけではないのか。和解はしたんだ。最後にめずらしい光景を見た。

そろそろ俺も顧問《こもん》と和解すっかな……。

「先生、バスケでは三年間ありがとうございました」

「おお！　卒業おめでとう。お前なりによくがんばったな」

みんな固唾《かたず》をのんで見守ってる。険悪《けんあく》だった俺と顧問がしゃべってるんだから、そりゃびっくりするだろうな。あれ以来、まともに話したのが卒業式なんて。

「先生、俺たちは学校で、何を学んできたんスか？」

先生は空を見上げて考えている。困ったような苦笑いで。

「勉強とか部活とか、何のためにやってきたのか、俺にはわかんねえっス」

先生は笑って言った。

「そうだなぁ……お前たち、制服がずいぶん小さくなったなぁ。それがすべてじゃないかぁ？」

そうだ、入学したときは、制服の袖《そで》が長くて折り返してたな。元輝《モトキ》のズボンの裾《すそ》も、くるぶしが出ちまってる。承子《ショウコ》も陽向《ヒナタ》も、同じように成長したってことか。この制服はボロボロでもう着ることはないかもしれないけど、着ていたときの気持ちは、ちゃんと覚えておこう。

もうすぐ桜が満開になりそうだ。一年前の桜といま見ている桜はちがうものに見える。良寛《ヨシヒロ》がつぶやいた。

「僕たちの人生は、どこから来て、どこに向かってるんだろうね。その答えをずっと探していこうか」

禅語 小さくなった制服が、仏であることを証明している

「洞山麻三斤《とうざんまさんぎん》」

僧問洞山、
如何是仏。
洞山云、
麻三斤。

道原《どうげん》『景徳伝燈録《けいとくでんとうろく》』

書き下し文

僧、洞山《とうざん》に問う、
「如何《いか》なるか是《こ》れ仏《ほとけ》」
洞山云く、
「麻三斤《まさんぎん》」

■現代語訳

僧が洞山《とうざん》和尚《おしょう》に質問した。

「仏とはいったいどのようなものでしょうか」

洞山は答えた。

「重さ三斤《さんきん》の麻布《あさぬの》である」

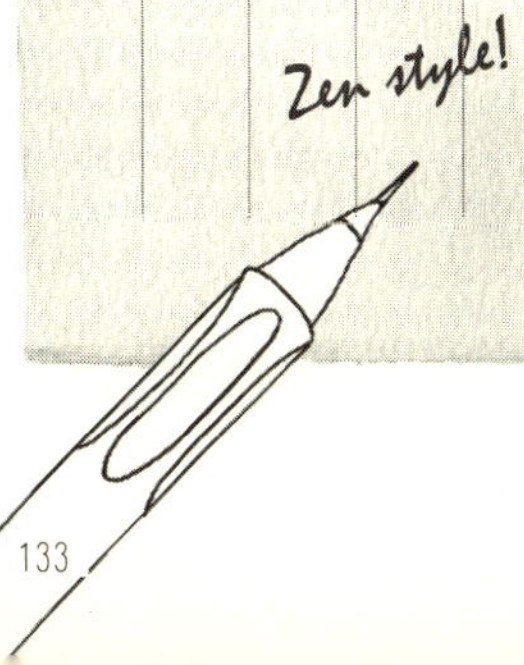

解説

これは歴史ある有名な禅問答《ぜんもんどう》で、この会話に隠《かく》された意味について、歴史的にいろいろな解釈《かいしゃく》がなされてきました。「麻」については、麻の草木や実など、いろいろな説がありますが、近年主流になっているのは「麻布《あさぬの》」です。重さ三斤《さんきん》の麻布とは、僧侶《そうりょ》が着る袈裟《けさ》一着分の量です。

「仏とはなんですか？」という僧の質問に、「袈裟一着分の麻布だよ」と洞山和尚《とうざんおしょう》が答えています。これの意味するところは、「麻三斤分の布（袈裟）を、身にまとっている君自身が仏だ！」ということ。

素人《しろうと》にここまで掘り下げて解釈しろというのは、なかなか難しい課題ですが、日々仏道修《ぶつどうしゅ》行《ぎょう》で感覚を磨いている僧ならば、もしかしたらハッと気がつくところがあったのかもしれませんね。

道人《ミチト》くんの先生は、「制服が小さくなったな」と言いました。入学したてのころは、みんな真新しい制服を着ていたはずです（中には兄姉のお下がりという人もいるかもしれませんが）。十代は育ち盛りですから、体が大きくなることを見越《みこ》して、少し大きめのサイズの制服を注文したかもしれません。

一年生のときはピカピカでダブダブだった制服が、時間とともに小慣《こな》れてきて、ついには穴が開いたり破れたり、小さくなりすぎて、途中で新調することがあったかもしれませんね。毎日ご飯を食べ、眠り、運動をして、体が大きくなりました。身長も体重もグンと増えました。制服のサイズが変わることはほぼほぼありませんので、体の成長は制服が小さくなったことで証明されます。また、よく遊び、よく学び、よく転げまわった様子は、制服の汚れや傷《いた》み具合から見てとれます。

先生が言っている「制服が小さくなったことがすべて」とは、**彼らが学校で経験してきたことは、その制服が物語っているぞ**、ということです。まさにこれが「麻三斤」でしょう。

彼らが学校で学んできたことは、すべてがそのときそのときのありのままの自分、つまり「仏」としての行いです。勉強も部活も、早弁も居眠りも、恋もケンカも、すべてが仏の行いです。ときには間違ったことをしたり、ずっと後悔するようなことがあったかもしれません。

それでも、**何一つ無駄《むだ》なことはなかったと、信じましょう**。たとえつまらない学校生活だったとしても、このつまらなかった経験を、この先の人生を楽しくするために、上手に活《い》かすことができるはずです。

恨《うら》み辛《つら》みだけを抱《かか》えていると、余計《よけい》に落ち込んでしまいませんか。

そんなふうに**学校生活の存在自体を否定せず、自分には必要な人生の通過点だったのだとポジティブに認めてほしいのです**。もうこんな生活には戻らないぞ！ と誓《ちか》い、新たな一歩を進めればいいのですから。


良寛《ヨシヒロ》くんが最後につぶやいたのは、江戸時代の曹洞宗《そうとうしゅう》の禅僧《ぜんそう》・良寛禅師《りょうかんぜんじ》の漢詩の中にある言葉です。

「我生何処来、去而何処之（我が生《しょう》は何処《いづこ》より来《きた》り、去《さ》りて何処にか之《ゆ》く）」

私たちはなぜ生まれてきて、死んだ後どうなるのか、それは考えても考えてもわかりません。しかし、何百年も昔の人だって、同じことを考えながら生きていました。そして、良寛禅師はこう締《し》めくくっています。

「随縁且従容（縁《えん》に随《したが》ひて且《しばら》く従容《しょうよう》たり）」

ひとまずは、ゆったりと縁というものに従ってみよう、と言っています。

若いうちは特に、何にでも理由や意味を、能動的《のうどうてき》に見出そうとする傾向《けいこう》があります。それが見つからないと、思い悩んだり、自暴自棄《じぼうじき》になったりしがちです。

良寛禅師は「そんなものはないのだ」と言い切ってしまってます（笑）。**世の中は理屈ではわからないことばかりだから、善悪とか好き嫌いとかに執着しないで、縁に任せてただまっすぐに生きてみよう**、ということでしょう。**じつにシンプルな生き方です**。

縁に任せて、自分の与えられた場所で、自分のやるべきことを、ただ積み重ねてゆく。それが、禅の生き方です。**「できるようになること」ではなく、「ただひたすらにやること」**。

それで制服がボロボロになっているならば、立派な成長ではないですか。

終わりに

考えないということを、考えてみよう

「非思量《ひしりょう》」

薬山和尚坐次、有僧問、
兀兀地思量什麼。
師云、思量箇不思量底。
僧曰、不思量底如何思量。
師云、非思量。

道元《どうげん》『正法眼蔵《しょうほうげんぞう》』「坐禅箴《ざぜんしん》」巻

書き下し文

薬山和尚の坐《ざ》する次《おり》、僧ありて問う、
「兀兀地《ごつごつち》、什麼《なに》をか思量《しりょう》す」
師云《いわ》く、「箇《こ》の不思量底《ふしりょうてい》を思量《しりょう》す」
僧曰《いわ》く、「不思量底《ふしりょうてい》、如何《いかん》が思量《しりょう》せん」
師云く、「非思量《ひしりょう》」

現代語訳

薬山《やくざん》和尚《おしょう》が坐禅《ざぜん》していたとき、僧が質問した。

「ゴツゴツと坐禅をしていて、いったい何を考えておられるのですか」

薬山が答えた、

「何も考えないということを考えておる」

僧が言った、

「何も考えないということを、どうやって考えるのですか」

薬山が言った、

「考えを超えることだ」

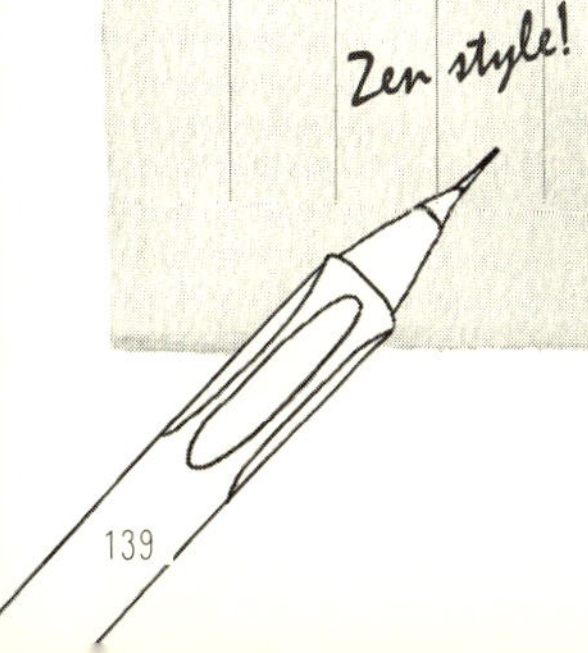

終わりに

「非思量《ひしりょう》」という禅問答《ぜんもんどう》は曹洞宗《そうとうしゅう》において、坐禅《ざぜん》中の基本的な心構えとして、古くから多くの禅者《ぜんしゃ》たちによって掘り下げられ、いくつもの解釈が示されています。「何も考えないということを考える」ということがテーマです。

ちなみに「兀兀《ごつごつ》」とは、ボーっとして動かない様子を示す擬態語《ぎたいご》です。あまりに哲学的《てつがくてき》でどう捉《とら》えていいのか困ってしまいますが、突き詰めていくと意外にシンプルな答えに行きあたるので最後までちょっとおつきあいください。

「何も考えていない」でもなく「集中している」でもない、「何も考えない」という対象を「考える」というのです。質問した僧の「はぁ？」と言いたげな顔が思い浮かびそうですね（笑）。「何も考えないということを、どうやって考えるのですか？」と質問します。当然ですね。その質問に薬山和尚《やくざんおしょう》は「非思量」と答えるのです。

はたしてこれで会話になっているのでしょうか……。なんだかうまくはぐらかされてるだけのような気もしますね。

直訳すると「思量（考えること）ではない」という意味ですが、別に無の境地《きょうち》に陥《おちい》って宇宙の彼方《かなた》の「あっちの世界」に行ってしまったというわけではありません。ただボーっとして思考停止《しこうていし》に陥っているわけでもありません。

坐禅は仏としての自分自身を究明《きゅうめい》する修行ですから、このような「はたらきの停止」の状態ではいけません。かといって、逆に何か一点のことに集中してしまうと、それはそれで思考が一つのことに執着《しゅうちゃく》してしまい、ありのままの「仏」の心の柔軟《じゅうなん》な活動とはいえなくなります。

ポイントは「何も考えていない」ではなく、「何も考えていないことを考えている」ということ。考えているからには、頭は動いているのですが、その考える対象が「考えない」こと。つまり、**思考はどこにも引っ掛かっていない、川の流れのようにごく自然のまま流れているこ**とを意味しています。

浮かんでは消えていく思考や、心の情動を、「消して無にしてしまえ」とか「集中して特別な精神状態になろう」とはせずに、**頭の中をそのまま自然な状態にしておくこと**を「非思《ひし》量《りょう》」といいます。もっと簡単に言うなら、「**普通に頭を働かせる**」ということです。**なんの**

コントロールもしないのです。

これまでに紹介した禅語《ぜんご》や禅問答《ぜんもんどう》の中には、「深すぎてわからない」「難しくて考える気にならない」ようなものがたくさんあったと思います。わかったような、わからないような……という感想が本当のところでしょう。

まったく会話がかみ合ってない「コントかよ！」みたいな禅問答や、理屈の通らない禅語の意味を、ああでもないこうでもないと、必死で考え抜くことによって、**「思考による分析《ぶんせき》や知的《ちてき》把握《はあく》には限界がある」**ということを体験し、**考え過ぎる（悩みすぎる）呪縛《じゅばく》から解き放たれた状態**を目指すのです。その状態を、ここでは『非思量』と表現しているのです。これは、あるいは「悟《さと》り」と言ってもよいものなのかもしれません。

自分の能力に自信が持てなくて将来が不安になったり、腹が立って誰も信じられなくなったり、秒単位で思考や感情は揺《ゆ》さぶられます。それは、どうぞそのまま考えていていいですよ。困ったなぁ、ムカつくなぁ、腹が減ったなぁ、あの子が好きだなぁ……などなど、いろいろと考えていてOKです。

ただ、**それにいちいち取りあわないでおきましょう。**その考えに執着してしまうと、その思考に縛《しば》られることになり、行動や態度に現れてしまいます。そうなるとトラブルのもとになってしまうこともあるし、次から次へと呪縛でがんじがらめになっていきます。

それらの思考が浮かんだら浮かんだで、**そのまま相手にしないでスルーしてください。**考えたってしょうがない対象をこねくり回して何とかしよう、どうにか打開しようと思うから、余計に執着してしまいます。

「そんなことは忘れてしまえ！」というのではなく、さらりと受け流してしまうのです。**そんな思考に振り回されない、自由で確固《かっこ》たる自分を意識してください。**それが「非思量」を身につけた人の強さです。

「ZENスタイル」とは、極端《きょくたん》に飛躍《ひやく》したり停滞《ていたい》したりせず、何物にも束縛《そくばく》されない、かといって他の人を束縛することもない、自由な心を獲得《かくとく》し、維持《いじ》する、シンプルな考え方や生き方のこと。ありのままの自分を、誰か他人ではなく、自分自身に向かってさらけ出すことなのです。

作者 Profile

[監修]

石井清純（いしい・せいじゅん）

1958年、東京都生まれ。駒澤大学仏教学部禅学科卒業。2000年、スタンフォード大学客員研究員を務める。駒澤大学学長を経て、現在は駒澤大学教授、禅研究所所長。主な著書に『禅問答入門』（角川選書）、『禅と林檎 スティーブ・ジョブズという生き方』（宮帯出版社）などがある。

[編著]

水口真紀子（みずぐち・まきこ）

1979年、北海道生まれ。法政大学在学中よりライター、フリー編集者として月刊誌などで活動。2007年、東京都文京区小日向にある青龍山林泉寺にて在家得度。2009年、同寺で仏前挙式。現在は三人の男児の母。

ZEN（禅）スタイルでいこう！

2018年12月1日　初版発行

監修　石井清純
編著　水口真紀子
イラスト　TAKA・高松裕衣（P106）
装丁デザイン　木村ほなみ
組版デザイン　木村ほなみ・有賀千晃
編集協力　真辺致真・丸山恵・網野瑠衣・北彩乃・永見正恵
発行者　大久保正弘
発行所　キーステージ21
〒194-0215 東京都町田市小山ヶ丘4丁目7番地2-818
電話　本社 042-779-0601　出版部 042-634-9137
印刷・製本　モリモト印刷株式会社

ISBN 978-4-904933-13-8　C0095